现代健康理论与体育课程教学分析

韩 冰 黄茂林 李 丹◎著

线装書局

图书在版编目（CIP）数据

现代健康理论与体育课程教学分析/韩冰，黄茂林，
李丹著.--北京：线装书局，2023.12
ISBN 978-7-5120-5661-9

Ⅰ.①现… Ⅱ.①韩… ②黄… ③李… Ⅲ.①体育教
育－教学研究②健康教育－教学研究 Ⅳ.①G807.01
②G479

中国国家版本馆 CIP 数据核字（2023）第 170785 号

现代健康理论与体育课程教学分析
XIANDAI JIANKANG LILUN YU TIYU KECHENG JIAOXUE FENXI

作　　者：韩　冰　黄茂林　李　丹
责任编辑：林　菲
出版发行：线装書局
　　　　　地　　址：北京市丰台区方庄日月天地大厦 B 座 17 层（100078）
　　　　　电　　话：010-58077126（发行部）010-58076938（总编室）
　　　　　网　　址：www.zgxzsj.com
经　　销：新华书店
印　　制：北京四海锦诚印刷技术有限公司
开　　本：787mm×1092mm　1/16
印　　张：11.25
字　　数：213 千字
版　　次：2023 年 12 月第 1 版第 1 次印刷
定　　价：88.00 元

线装书局官方微信

前　言

作为与人类生存与发展密切相伴的体育，无论从物质层面还是从精神层面而言，体育一直触及人类生活的意义问题，所以一直是人类社会生活的一种重要文化形式。随着人类社会的发展，体育教学经历了一个不断充实、完善的过程。在其发展的过程中，现代体育教学逐渐发展成科学的教学、全面的教学，培养德、智、体、美、劳全面发展人才的教学。体育与健康教育是实现儿童青少年全面发展的重要途径，对于促进学生积极参与体育运动、养成健康生活方式、健全人格品质，提升国民综合素质，推动社会文明进步，建设健康中国和体育强国，实现中华民族伟大复兴具有重要的现实和长远意义。体育与健康课程以身体练习为主要手段，以体育与健康知识、技能和方法为主要学习内容，以发展学生核心素养和增进学生身心健康为主要目的，具有基础性、健身性、实践性和综合性等特点，是学校教育的重要组成部分，对促进学生德智体美劳全面发展具有重要作用。

本书是关于健康理论与体育课程教学的书籍，主要分析现代健康理论与体育课程教学，从体育锻炼与健康的基础内容开始介绍；首先针对体育健康教学与体能教学、体育课程教学目标与内容以及教学模式以及体育课程资源的挖掘与利用进行了详细的阐述；然后对体育与健康课外拓展以及文化探索进行了分析；最后对体育学习中的身体健康与心理健康教育提出了一些建议。本书构思新颖、逻辑严谨，将理论与实践紧密结合，对体育课程教学中的健康教育有着很大的帮助。

由于时间匆忙，工作量较大，水平有限，书中难免会有一些不足或不妥之处，还望广大读者多多包涵，并提出宝贵的意见。

目　录

第一章　体育锻炼与健康

第一节　体育概论

一、体育的概念

体育是伴随着人类社会的发展而逐步建立起来的一个专门的科学领域。体育的概念存在着广义和狭义之分。

体育的广义概念是指以身体练习为基本手段，以增强人的体质、促进人的全面发展、丰富社会文化生活和促进精神文明为目的的一种有意识、有组织的社会活动。体育是社会总文化的一部分，它的发展受到一定社会的制约，并为一定的社会服务。

体育的狭义概念是指一个发展身体、增强体质、传授锻炼身体的知识和技能，培养道德和意志品质的教育过程，是对人体进行培养和塑造的过程，是教育的重要组成部分，是培养全面发展人才的一个重要方面。

体育拥有很悠久的历史，经历了一个漫长曲折的过程，而且还远远没有结束。伴随着人类文明的进步和社会的发展，体育本身也在不断地完善和发展。人类为了追求更加美好、舒适的生活，对体育有着不同于一般的期望，期待着它能带给自己健康、力量、和谐与美。作为现代人的美好追求，同时也是当代学生的共同心声。

随着现代社会的发展，目前，体育的主要任务是：促进身心的全面发展，培养终身体育能力。包含身体锻炼、游戏、竞争要素的各种身体运动都是体育。总之，体育是包含身体锻炼、游戏、竞争要素的身体运动的总称。现代学校的体育教学，期望不断提高学生对它的认识，使之能够达到"主动参与"，并尽情享受体育带来的无穷乐趣。

二、体育的组成

现代社会体育在不断地完善和发展，体育产生之初就含有丰富的内容，它的发展并不孤立，是人类本身和社会的需要。生产力和科学技术的发展和运用，又为体育的发展提供了良好的条件，使体育从发展之初到现在形成了为大家所重视的现代体育，所以它被人们公认为文明的窗口、科学和进步的标志。

体育由学校体育、竞技体育和群众体育三部分组成。

（一）学校体育

学校体育是学校教育的重要组成部分，同时也是全民体育的基础。它作为教育和体育的交汇点和结合部，又是国家体育事业发展的战略重点。它是按照学校的育人规律，围绕增强体质这个中心，在教师的指导下，有组织、有计划地传授体育知识、技术和方法，使学生的身体素质和运动水平得到全面的提高，并与德、智、美、劳四者相结合，培养学生的道德和意志品质，令学生成长为德、智、体、美、劳全面发展的高素质专业人才，更好地适应现代社会。

（二）竞技体育

竞技体育亦称竞技运动，是指在全面提高身体素质的基础上，同时深层挖掘体力、智力、运动才能，以取得优异成绩为目标而进行的科学训练和竞赛活动。其特点是技能性高，竞争性强，有严格的规则和场地要求；是人的智能、运动才能的极限表现形式。由于竞技体育极易吸引广大观众，极富感染力又容易传播，在活跃社会文化生活、振奋民族精神、提升国际威望、促进各国人民之间的友谊、团结和交流等方面都有着积极的作用。

竞技体育包括运动训练和运动竞赛两种形式。其特点是：积极的对抗性和竞赛性；充分调动和发挥运动员的体力、智力、心理等方面的潜力；参加者拥有充沛的体力和高超的技能；按照同一竞赛程序，规则具有国际性、权威性，而成绩也具有公认性。

（三）群众体育

群众体育亦称大众体育或社会体育。群众体育是以健身、娱乐、休闲、医疗和保健康复为目的的体育活动。由于它吸引的对象主要为一般群众，其中包括男女老幼，活动领域遍及整个社会乃至家庭，所以被称为活动内容最广、趣味性强、参加人数最多的一项群众体育活动。它作为学校体育的延伸，可使人们的体育生涯得以延伸。

群众体育开展的广泛性和社会化程度，在一定程度上取决于国家的经济繁荣，生活水平的提高，闲暇时间的增多和社会环境的安定。从发展趋势来看，群众体育规模不亚于竞技体育，大有可能成为第二大国际体育力量的趋向。当前，由于国民的体育意识慢慢提高，因此自身体育锻炼的人数也逐步增多，与此同时，国家机构、企业、学校以及社会组织的不同规模的群众性体育活动十分活跃，从而带动了更多的人参加体育运动。目前，各种"康复中心"和"健身俱乐部"的兴起，也正在吸引着大批体育消费者在"花钱买健康"观念的驱动下参加到健身体育活动当中，这一切都表明群众体育活动有着广泛的群众基础和发展潜力。

（四）学校体育、竞技体育、群众体育之间的联系与区别

学校体育、竞技体育、群众体育三部分之间既互相联系又互相独立。每部分均有其独特的结构、功能、运行机制、运行规律和管理体制，同时也存在互相影响制约的内在联系。

1. 竞技体育、学校体育促进群众体育的发展

竞技体育一方面通过吸纳群众体育中出现的竞技体育人才，从而推动群众体育的发展，同时以它特有的魅力对群众体育起激励、促进和示范作用，帮助人们实现由体育观赏者到体育参与者的转换。现实中有许多体育锻炼者都是竞技体育观赏者，都有从观赏者向参与者转化的经历。

学校体育为群众体育提供坚实的基础，其影响作用更直接更明显。学校体育质量的好坏直接影响体育人口的数量与质量。良好的学校体育教学，使学生在校期间建立了正确的体育观念，形成了终身体育意识、兴趣、习惯与能力，进入社会后就能主动积极融入群众体育，成为稳定的体育人口，有利于群众体育的发展。

2. 群众体育对竞技体育与学校体育起积极影响

①群众体育对竞技体育的作用。良好的群众体育可以给竞技体育的发展创造良好的社会文化环境。为数众多的体育爱好者和支持者对体育赛事的观赏，给予热烈的掌声和助威呐喊，都给运动员强烈的感染与震撼，激励和鞭策他们刻苦训练、顽强拼搏、勇攀体育竞技高峰，促进竞技体育向更高的方向发展。离开广大体育爱好者的支持与关心，竞技体育也将失去发展的动力。

群众体育又是挖掘优秀竞技体育人才的源泉，群众体育开展得好，能够发现更优秀的体育人才，避免人才浪费。

②群众体育对学校体育的影响。丰富多彩的社区体育活动，良好的家庭体育氛围，对青少年体育意识、兴趣、爱好的培养有着潜移默化的影响。群众体育发展得好，能为孩子们提供体育活动的时间、空间与条件，从而促进学校体育的发展。因此，群众体育是学校发展依赖的必要环境。

群众体育不仅为学校体育发展提供必要环境条件，同时，也为学校体育改革提供指导。群众体育发展要求的是人人参与体育，并提倡终身参与，形成一种新的体育生活方式。因此，群众体育的发展必然对学校体育提出更高的要求。群众体育的发展既为学校体

育发展提供了良好的外部环境与发展契机，也对学校体育寄予厚望。学校体育要实现与社会体育的接轨，必须加大改革力度。

三、体育的功能

就其本质属性来说，体育有它自身的功能。它的功能与社会的经济、教育等相结合，产生功能更大的社会功能，为社会所用，为社会谋利益、做贡献。随着科学的发展，各相关学科对体育的渗透及在体育领域中的运用，不仅使体育在改造人类自身质量方面的功能日趋科学化，而且与经济、文化、教育、军事等方面的关系日益密切。

体育的本质是促进人的身体向健壮的方向变化，因此，体育的功能主要表现在健身、医疗保健、娱乐等几个方面。体育的社会功能可以归纳成四个方面，即教育功能、社会感情功能、竞争意识功能、经济功能。

（一）健身功能

体育是通过身体运动的方式进行的，这是体育最本质的特点，这决定了体育具有健身功能。人体机能适应变化的原理、遗传与变异的关系，从不同的角度科学论证了体育对强身健体、增强体质、增进健康、延年益寿的特殊功效。"生命在于运动"是一条已被证明的法则。

（二）医疗保健功能

随着科学技术和经济的发展，人类的体力劳动随之减少，而脑力劳动相应增加。现代化生活的膳食结构中肉类食品脂肪增多，对人的身体健康带来了严重的威胁。由于运动不足和其他原因而造成的颈椎病、腰间盘突出症、脂肪肝、糖尿病等现代文明病的发病率显著上升，这使人们深感忧虑，于是纷纷进行跑步、步行、舞蹈、武术等体育活动来锻炼身体，提高健康水平。在现代社会中，体育的医疗保健功能已日趋突出和重要。

（三）娱乐功能

体育运动娱乐功能的客观依据是为了满足人们的精神需要。人的需要分成为生存需要、享受需要和发展需要三个方面。体育以它特有的娱乐性，吸引着越来越多的人，成为人们一个必不可少且饶有兴趣的活动。现代体育，特别是竞技运动，其技艺日益向难、新、尖、高的方向发展，使健、力、美高度地统一起来，产生一种使人赏心悦目的体育运动之美。人们在紧张的工作和劳动之余，通过观看体育比赛，可以放松神经、调节心理，这不仅有助于疲劳的恢复，而且可以减少精神上的压力，是一种享受。体育是一种积极、健康的娱乐方式，它是男女老幼的精神需要。

（四）教育功能

体育是社会文化教育的内容。体育的教育功能主要表现在它已被世界各国纳入教育体系之中。古今中外的学者都认为，各种身体活动的游戏是教育的重要内容，可以促进孩子的生长和发育，可以增长知识、陶冶情操、培养优良品德。青少年正处于长身体、长知识的阶段，也是人生观、世界观形成的关键时期，体育独具一格的教育功能，表现在培养他们掌握科学锻炼身体的知识与方法，促进身心全面发展方面，培养他们的道德和意识品质、行为道德准则与规范以及爱国、爱集体的优良品质方面都具有极其深远的影响。

（五）社会感情功能

体育的社会功能与人的社会心理稳定性密切相关。所谓心理稳定性，是指人的心理与社会的一致。在一般情况下，由于传统教育、宣传、习惯等各方面的社会影响，人们总会产生和形成与社会一致的心理，反映为个体的需要与社会的需要基本一致。以这些需要为原动力，可以使人们努力工作，遵守社会原则，为社会做出贡献。但是，有时因种种原因不可避免地会导致某些人心理失调而产生一种变态的心理。由于体育有竞赛性，竞争有对抗性，对抗的结果有不确定性，因此，它能引起社会的广泛关注和吸引人们的兴趣，引起人们在感情上的共鸣，从而使人的某些心理不平衡状态得到调整。体育运动既是一种物质力量，又是一种精神力量，它能促进民族的团结，振奋民族精神，增强爱国精神，在促进社会主义两个文明建设方面有着重大作用。

（六）竞争意识功能

体育运动的竞技体育，其中一个突出的特点是激烈的竞争，这种竞争登上世界性的舞台上，就具有广泛的国际性。国际性的比赛，关系着一个国家的荣誉和民族形象，在人们的思想感情上会产生强烈的反响。人类的生活如同竞技场上的比赛，从自然环境到人与人的竞争，无一不是在竞争中不断完善和超越自我。许多哲学家早就把运动场当作社会的一个缩影，运动场本身就是一个特殊的社会环境。

（七）经济功能

现代生产结构的改变，也引起人们生活结构的改变，人们的物质生活富足了，闲暇时间增加了，对文化生活的追求也就强烈了。因此，体育活动成为人们生活内容的一部分，成为强身健体、丰富文化生活的一种手段。除了传统运动项目外，旅游体育、娱乐体育蓬勃兴起，更多的体育项目应运而生，竞赛活动日益频繁，促使体育在人们消费结构中占有一定的位置，使体育适用于价值规律，获取经济收入，开拓经济功能成为可能。第三产业的兴起，使体育也可开辟服务项目、开展技术辅导，组织生产体育器材、运动服装，举办旅游体育、娱乐体育，并与饮食、交通、旅游等业务结合起来，开展综合经营、综合性服务，获取经济利益。

第二节　体育锻炼与健康的理论基础

一、健康概述

健康是人类永恒的主题，是人类生存发展的主要条件，也是人类永远追求的目标之一。随着社会经济、科学技术及生活水平的进步，人类对健康内涵的认识不断深化。以往人们普遍认为，"健康就是没有病"。随着科学的发展和时代的变迁，现代健康观告诉我们，健康已不再仅仅是指四肢健全、无病或不虚弱，除身体本身健康外，还需要精神上有一个良好的状态。人的精神、心理状态和行为对自己、他人及社会都有影响。更深层次的健康观还应包括人的心理、行为的正常和社会道德规范、环境因素的完美。可以说，健康的含义是多元的、广泛的，也是不断丰富和发展的。

（一）健康的定义及内涵

人类对健康的需要和认识是随着所处时代、环境和条件的不同而不断变化、不断更新的。以往由于传统观念和世俗文化的影响，人们往往将健康单纯理解为"无病、无残、无伤"。然而，随着社会的发展和科学技术的进步，人们完全突破了原先的思维模式，对健康的概念有了新的认识，主要有以下三种观点。

1. 健康三维观

世界卫生组织（WYO）明确指出：健康是指在身体上、精神上和社会适应各方面都完美的状态，而不仅仅是没有疾病和虚弱。对健康的评价不仅基于医学、生物学的范畴，而且扩大到心理学和社会学领域。由此可见，一个人只有在身体上和心理上保持健康状态，健康长寿的可能性才越大；相反，个体如果内心压抑和自我封闭，则极易产生疾病，缩短寿命。这也说明，一个人只有从生理、心理和社会三个方面着手，才能有效地保证其健康、幸福地生活，从而提高生命的质量。

2. 道德健康观

世界卫生组织根据现代社会的发展，将"道德健康"纳入了健康概念之中，即除了身体健康、心理健康和社会适应良好外，还应包括道德健康，只有同时具备这四个方面的健康才算是完全健康。由此表明，人类对自身健康和疾病的认识又深入了一步，即由单纯的生理、心理角度研究健康问题上升到了从社会学角度来探讨健康的定义，健康概念开始由生物健康的领域扩充到社会健康的领域。

3. 健康五要素

健康是人对环境适应之后所达到的一种生命质量，个体只有在躯体、情绪、智力、精神和社交五个方面都达到完美状态才称得上是真正的健康（也称健康五要素），或称为完美状态。健康五要素相互联系、相互影响。

在人的生命长河的不同时期，健康的某一要素可能会比另一些要素起更重要的作用，但长久地忽视某一要素就可能存在整体健康的潜在危险。只有每一健康要素平衡地发展，人才称得上处于完美状态，才能真正健康和幸福地生活，并享受美好人生。

（二）健康的评价标准

1. 健康的标志

21世纪初，世界卫生组织根据健康的含义，提出了衡量人体健康的10项标志，分别是：

①有充沛的精力，能从容不迫地担负日常生活和繁重的工作而不感到过分紧张。

②处事乐观，态度积极，勇于承担责任，事无巨细不挑剔。

③应变能力强，能较快地适应外界环境的各种变化。

④善于休息，睡眠良好。

⑤能抵抗一般感冒和传染病。

⑥体重适当，身体匀称，站立时头、肩、臀位置协调。

⑦头发有光泽，头屑少。

⑧眼睛明亮，反应敏锐，眼睑不易发炎。

⑨牙齿清洁，无龋齿，无疼痛，牙龈无出血并颜色正常。

⑩肌肉发达，皮肤富有弹性。

当然，健康标准对不同年龄、不同性别的人有不同的要求。随着物质生活和医疗水平的不断提高，以及人们对健康的重视，身体健康状况不断得到改善，平均寿命也在不断延长。

2. 健康的评价指标

人的健康指标主要由身体的健康、精神的健康和社会的健康三方面因素构成。

（1）身体方面的健康

衡量身体健康有以下几个方面：没有疾病，无须治疗；身体的发育正常；有良好的生活规律，食欲、睡眠好；体态、脸色好，有精神；能很好地进行日常活动，消除疲劳快。

（2）精神方面的健康

精神健康是指能和大自然和谐相处，对工作、生活乐观豁达，行为、思想与其基本价值观念相一致，觉得生活充实、有意义，向往美和善，能精力充沛地履行各种职能，完成各种任务，而且能从中发现并享受乐趣，感到自身的价值，使生活变得更有意义。有学者还将精神的健康概括为以下几方面：能与家庭成员、朋友、伙伴们协力合作；理解人生的意义，对生活充满希望；有正确的判断能力。当然，生活中偶尔情绪高涨或情绪低落均属正常，关键是在生活的大部分时间里要保持情绪稳定。

（3）社会方面的健康

社会健康是指在社会中人们都能按照行为准则工作和生活，主要表现在以下几方面：具有良好的衣、食、住、行条件；社会和平，没有犯罪行为发生；死亡率低，大家都长寿。

人活着的一生当中，最宝贵的、最为重要的就是健康。

（三）影响健康的因素

1. 认知水平

"意识主导理念，理念主导行为"，有宏观与正确的健康意识，才能养成良好的锻炼身体的习惯和科学的生活方式。

2. 行为与生活方式

生活方式是指人们在某种价值观念指导下的各种生活活动的形式，它包括人们的物质生活、精神生活和社会生活。身体健康的人，常得益于良好的生活方式，如不吸烟，节制饮酒，每天吃早餐，注意饮食营养，维持正常体重，保证高质量的睡眠，坚持中等负荷的体育锻炼等。

有害健康的行为和不良的生活方式已成为当今危害人们健康、导致疾病及死亡的主要原因。美国疾病控制中心调查了心脏病、癌症、流感、肺炎、糖尿病、肝病几种最常见的导致死亡的原因，发现不良的生活方式是造成死亡的最主要因素。

3. 心理因素

消极的心理因素能引起许多疾病，如《黄帝内经》中多处提到了"怒伤肝""悲伤脾""恐伤肾"。现代医学心理的研究也证明了许多疾病的发生、发展与心理因素有关，如心血管病、高血压、肿瘤等。大量的临床实践也证明，消极的情绪（如悲伤、恐惧、紧张、愤怒、焦虑等）能引起各器官系统的功能失调，导致失眠、心跳过速、血压升高、尿急、月经失调等。心理变化会引起一系列的生理变化。消极的心理状态会使各器官系统功能失调；积极的情绪状态则会保证各器官系统功能的协调和稳定，使器官系统生理功能提高，从而提高人体的免疫能力。保持良好的心理状态，是保证身体健康的重要因素。

4. 遗传因素

遗传是指父母性状通过无性繁殖或有性繁殖传递给后代，从而使后代获得其父母遗传信息的现象。随着遗传学尤其是分子遗传学的高速发展，有机体的遗传与变异越来越被人们所认识。遗传是人体发展变化的先决条件，对体质的强弱有很大影响。遗传病是当前医学领域中严重危害人类健康的一类疾病。遗传因素在影响人类健康时，常与环境因素、行为因素共同作用、相互制约。

二、体育锻炼与身体健康

体育锻炼是根据身体需要进行自我选择，运用各种体育手段，并结合自然力和卫生措施，以发展身体、增进健康、增强体质、调节精神、丰富文化生活和支配余暇时间为目的的身体活动过程。不同性别、体质、年龄的人，其锻炼的内容、方法、生理与心理负荷等有不同的科学要求，因此，学生应了解健身原理，遵循科学规律，进行合理的锻炼。

（一）人体运动的供能系统

作为生物体，新陈代谢是生命存在的基本表现，新陈代谢是生物体从环境摄取营养物质转变为自身物质，同时将自身原有组成转变为废物排出到环境中去的不断更新的过程。进行体育锻炼时，体内代谢比平时大为加强，能量消耗增加。锻炼后，能量物质的恢复更充分，可达到比锻炼前更高的水平，各器官系统功能增强，这是体育锻炼能增强体质的重要因素。

无论是在日常生活中，还是从事体育锻炼，人们都需依靠各种营养物质提供能量，人体活动直接能量来源于三磷腺苷（ATP）的分解，而最终的能量是来源于糖、脂肪和蛋白质的氧化分解。营养物质不能直接转化为人体所需的能量，必须经过一个释放、转变、合成的过程，才能成为人体细胞可利用的高能磷酸化合物——三磷腺苷（ATP）。人体肌肉中本身含有很少量的 ATP，可以直接为肌肉收缩提供能量，但只够维持 1 分钟左右的运动。因此，只有不断地合成 ATP 才能满足不同运动的需要。在人体内有三大供能系统，它们是 ATP—CP 供能系统、乳酸能供能系统和有氧代谢供能系统。

1. ATP—CP 供能系统（无氧供能）

人体运动开始时，由磷酸原系统供能，即所有的能量都由 ATP 和 CP 供给。这一供能过程十分迅速，而且不需要氧气，也不会产生乳酸。人体肌肉 ATP 供能只能维持 1 分钟，需要不停地合成 ATP 才能满足肌肉收缩的需要；CP 是由肌酸合成的高能磷酸化合物，存在于肌浆中，其含量是 ATP 的数倍，当 ATP 分解释放能量后，CP 在酶的作用下可以分解释放能量，迅速合成 ATP。生理学研究证明，全身肌肉中 ATP—CP 供能系统仅能持续 8~10 秒。磷酸原供能系统的强弱，主要和绝对速度有关，如果要提高 100 米、200 米跑的绝对速度，就要发展磷酸原系统的供能能力。发展这一系统的供能能力，最好是采用每次持续 10 秒以内的全速跑，进行反复练习，中间间隔 30 秒以上。如果间隔少于 30 秒，由于磷酸原系统恢复不足，就会产生乳酸堆积。在 100 米跑中，无氧代谢占 98% 以上，200 米跑无氧代谢占 90%~95%，有氧代谢仅占 5%~10%，因此，短距离跑项目以提高无氧代谢能力为主。

2. 乳酸能供能系统（无氧供能）

当人体肌肉快速运动持续较长时间（8~10 秒）后，磷酸原供能系统的供能能力已不能及时提供 ATP 补充，于是动用肌糖原进行无氧酵解供能，合成 ATP。这一系统供能不需氧，但产生乳酸堆积，乳酸的堆积可导致疲劳。人体乳酸能系统供能的最大持续时间约为 33 秒。乳酸能供能系统能力的优劣主要与速度耐力有关。中距离跑主要需要速度耐力，100 米、200 米跑的后程能力及不少球类运动也需要速度耐力。要发展乳酸能供能系统的能力，最适宜的手段是全速（或接近全速）跑 30~60 秒。间歇 2~3 分钟。这种手段能使血乳酸达到最高水平，能锻炼和提高对血乳酸的耐受力，提高乳酸能供能系统的能力。

3. 有氧代谢供能系统

在氧供应充分的条件下，糖和脂肪被氧化成二氧化碳和水，并释放出大量能量，因而称为有氧代谢供能。有氧代谢供能系统的能力在很大程度上反映了一个人的心肺功能和耐力素质情况。长距离跑等耐力项目需要有氧供能系统供能，不少球类运动也需要有良好的有氧代谢能力。提高有氧供能系统的供能能力，主要采取较长时间的中等或较低强度的匀速跑，或较长段落的中速间歇训练等。

（二）体育锻炼对身体健康的影响

生命在于运动，坚持体育活动，对促进人体生长发育，培养健美体态，提高机体工作能力，消除疲劳，调节情感，防治疾病，益寿延年乃至提高和改善整个民族体质，都有重要作用。对于学习压力日趋加重的学生来说，经常参与有规律的体育锻炼能增进身体健康，具体表现如下：

1. 改善中枢神经系统的机能，提高人体感知控制的能力

经常参加体育锻炼，一方面可以改善神经系统的均衡性和灵活性，提高大脑皮层的分析、综合能力，以保证机体对外界不断变化的环境有更大的适应能力；另一方面，可调节内脏器官的活动，使其活动与运动系统变化相适应，以保证能量的供应和内脏环境稳定。人的活动是在神经系统支配下的协调活动，坚持锻炼的人，常表现为机体灵活、耳聪目明、精力充沛，这正是神经系统功能强健的表现。

2. 促进机体代谢，降低糖尿病的发生率

糖尿病的特征之一是人的血糖水平很高，如果不加控制，还会引起许多其他健康问题，如视力减弱和肾功能受损等。而体育运动会促进胃肠蠕动和消化液分泌，改善肝脏、胰腺的功能，使整个消化系统内功能得到提高，控制血糖水平的提高，从而使个体产生糖尿病的可能性大大减小。

3. 改善体形，预防肥胖

对于年轻人来说，男性体重中有 15%~18% 的脂肪为正常，女性则为 20%~25%。如果男性脂肪含量超过体重的 25%，女性超过 30%，就可以称得上是肥胖者。肥胖是脂肪问题，而不是体重问题。研究发现，父母都是正常体重的儿童，他们肥胖的可能性只有 7%~8%；但是一旦父母是肥胖者，儿童的肥胖率就可能上升为 40%。肥胖与饮食、运动、心理、社会、文化等环境因素有关，其中导致肥胖的主要原因是缺乏锻炼。过分肥胖会影响人的正常生理功能，尤其是容易造成心脏负担加重、寿命缩短。实践证明，体育锻炼可以强壮肌肉，增强身体消耗热量的能力，减少体内脂肪，保持关节柔韧性。如果结合适当的营养摄入，就有助于控制体重，改善体型和外表，防止肥胖及肥胖致病。

4. 延缓衰老，提高生活幸福指数

俗话说："身体锻炼好，八十不算老；身体锻炼差，四十长白发。"运动使体内各种功能在新陈代谢增强的基础上得以加强，从而延缓衰老。"用进废退"是生命界的普遍规律，也是人体健康、长寿的规律。"不用则退"，家养的动物都不及野生的寿命长。

"健康在于运动"更符合当今社会的高速发展和人们工作、生活的需求。生存与挑战都需要有健康的体魄，所以学生们要牢记，体育锻炼的最大作用就在于全面增进人的健康。

三、体育锻炼与心理健康

体育锻炼可以增强体质，促进身体健康，这是大家熟知的事实。有些人在自己身体状

况不佳时，会想到通过体育锻炼来逐步提高身体机能，恢复健康。然而，当有些人遭受挫折而情绪低落，或出现明显的心理障碍时，却很少会通过体育锻炼来调节、改善情绪，克服和消除心理障碍。实际上，体育锻炼既是身体活动，又是心理活动和社会活动。因此，体育锻炼在促进身体健康的同时，对心理健康也具有明显的积极影响。体育锻炼对心理健康的重要作用，正在受到越来越多人的重视。

（一）心理健康的定义与标准

1. 心理健康的定义

心理健康是一个十分复杂的概念，它是医学、心理学、社会学的一个综合体，不同领域的研究者对心理健康有着不同的观点和看法。所谓心理健康，是指在身体、智能以及情感上与他人的心理健康不相矛盾的范围内，将个人心境发展成最佳的状态。我国学者认为，心理健康是指生活在一定的社会环境中的个体，在高级神经功能正常的情况下，智力正常、情绪稳定、行为适度，具有协调关系和适应环境的能力特征。综合心理健康的描述，可以认为，心理健康是指一种持续的积极发展的心理状况，在这种状况下个体能有良好的适应能力，能充分发挥身心潜能，而不仅仅是没有心理疾病。

2. 心理健康的标准

目前，判断心理健康的标准很多，还缺乏公认的统一标准。下面选择几种做介绍。

（1）国际心理卫生大会提出的标准

身体、智力、情绪十分协调；适应环境，人际关系中彼此能谦让；有幸福感；在职业工作中，能充分发挥自己的能力，过着有效率的生活。

（2）我国心理学家提出的标准

我国心理学家提出了现代人心理健康的 10 条标准：

①有充分的安全感。

②充分了解自己。对自己的能力能做出恰如其分的判断。

③生活目标切合实际。

④与外界环境保持接触。

⑤保持个性的完整与和谐。

⑥具有一定的学习能力。

⑦保持良好的人际关系。

⑧能适度地表达和控制自己的情绪。

⑨能有限度地发挥自己的才能与兴趣爱好。

⑩在不违背社会道德规范下，个人的基本需要能得到一定程度的满足。

综上所述，国内外学者的具体标准不尽相同，归纳起来，心理健康的判断标准主要体现在以下几个方面：第一，情绪积极稳定；第二，认知和智力正常；第三，人格健全和完善；第四，人际关系协调。

（二）体育锻炼对学生心理发展的影响

1. 体育锻炼有助于情感与情绪的调节

现代生理学、心理学和医学的研究成果表明，情绪对人的身心健康具有直接的影响。人生活在错综复杂的社会中，因学习、工作、生活或其他原因，难免会产生忧郁、紧张等情绪。体育锻炼不但可以转移不愉快的意识、情绪和行为，使人从烦恼和痛苦中摆脱出来，而且可以及时宣泄不良情绪，减轻心理压力。适当的体育锻炼可改善人的情绪。人的情绪是判断客观事物是否符合自己的需要而产生的体验。符合自己的需要就会产生愉快的情绪，反之就会产生烦恼或忧郁等情绪。人在受到某种挫折时，在大脑里形成一个强刺激，从而引起一个兴奋灶，使人陷入痛苦和懊丧之中。如果能积极参加体育锻炼，就可以转移大脑皮层的兴奋中心。也就是说，人在进行体育锻炼时，运动中枢的兴奋往往只注意身体的运动，而把烦恼抛在脑后，起到转移注意力的作用，有益于大脑活动的调节。同时，进行体育锻炼时通常与同龄人、同事或自己熟悉的人在一起，有利于人际沟通与交往，改变孤独、抑郁、自卑等心态，使整个神经系统得到调节，从而维护心理健康。

2. 体育锻炼有助于坚强意志品质的形成

意志品质是指一个人的果断性、坚韧性、自制力以及勇敢顽强等品质，是在克服困难的过程中培养起来的。体育锻炼提高了学生的身体素质，活跃了学生的生活，同时也磨炼了学生的优良意志品质。在各种体育活动如长跑、游泳、健身操及各种球类活动中，要不断地克服客观困难（如气候条件、动作的难度或外部障碍等）和主观困难（如胆怯和疲劳），可锻炼和培养自己的勇敢、坚毅、机智、果断、自制、吃苦耐劳、顽强进取的良好意志品质。

3. 体育锻炼有助于消除学生的心理障碍

不同阶段的学生都会产生不同的心理压力，学习中和生活中的压力导致他们容易产生消极心理，从而引发忧郁、孤独等心理障碍的产生。体育锻炼能使有心理障碍的人获得心理满足，产生成就感，从而增强自信心，摆脱压抑、悲观等消极情绪，并消除心理障碍。临床研究表明，慢跑、散步等中低强度的有氧活动，对治疗抑郁症和抗抑郁效能十分明显，能减轻症状，增强自尊心、自信心。因为抑郁是以压抑为主导的消极情绪状态，而运动是以兴奋和充满活力为特点的积极情绪状态，因此，抑郁者参与运动显然能产生积极的效应。在国外，体育锻炼已被公认为一种心理治疗方法。

体育锻炼还可以为郁积的各种消极情绪提供一个发泄的机会，将各种烦恼、焦虑、不安等情绪发泄出来，使遭受挫折后产生的冲动通过运动得以转移，避免心理障碍的产生。

4. 体育锻炼有助于消除疲劳

体育锻炼可以消除疲劳，提高学习与工作效率。疲劳是一种综合性症状，与人的生理和心理因素有关。当一个人情绪消极，或当任务超出个人的能力时，生理、心理上都会很快地产生疲劳。学生们持续的学习压力极易造成身心疲劳和神经衰弱。为了防止或减少身心疲劳，学生们应保持良好的情绪状态，积极参加中等强度的体育锻炼，使身心得到放松。有研究表明，体育锻炼能提高诸如最大吸氧量和最大肌肉力量等生理功能，减少疲劳的产生。因此，体育锻炼对防治神经衰弱具有特别显著的作用。

(三) 产生良好心理效应的体育锻炼方法

1. 选择适宜的体育锻炼项目

有研究报告认为，不同的运动项目或不同的运动方式使人获得的心理效应是不相同的。为了获得良好的心理效应，锻炼者应选择自己所喜欢的项目进行锻炼，这一点是毫无疑问的。但是，当运动场地设置、气候条件、自身条件等原因影响锻炼时，就要重新考虑自己的锻炼项目。对学生而言，要根据自己的兴趣、身体状况、学习时间、校园体育场地设施等状况，选择适合自己的运动项目，这样便于其根据自己的实际状况，有效地掌握锻炼进程，并从中获得乐趣与良好的心理效应。

2. 把握适量的体育锻炼强度

体育锻炼的强度是指单位时间内人体所做的功。人们常用测心跳频率作为评价运动强度的方法。进行大强度体育锻炼时，心跳频率相当于最高心率的80%~90%；中等强度时，心跳频率相当于最高心率的65%~75%；小强度时，心跳频率相当于最高心率的60%左右。

研究表明，体育锻炼的强度在很大程度上影响锻炼者的心理健康。大多数研究认为，中等强度的身体活动能取得较好的心理效应，有助于改善人的焦虑、抑郁、紧张和疲劳等情绪状态；而大强度的体育锻炼可能增加人的紧张、焦虑等消极情绪。研究还表明，长期进行中等强度的体育锻炼能够治疗非精神病患者的抑郁症。

3. 保证一定的体育锻炼时间

体育锻炼的持续时间是指每次活动的时间长短。每次活动的持续时间与运动强度有关，两者之间呈反比。体育锻炼的强度越大，持续时间相应减少；强度越小，持续时间相应延长。有研究报道：步行 5 分钟也能降低焦虑。但大多数研究认为，心理效应的产生需要步行 20~30 分钟。有的研究提出，60~90 分钟的锻炼时间会产生理想的心理效应。可见意见并不一致。目前，每次锻炼持续时间与心理效应的关系的说法尚不统一，但有一点是可以确定的，那就是锻炼需要保证一定的时间。

4. 保持一定的体育锻炼频率

体育锻炼频率是指每周活动的次数。每周锻炼频率与产生的心理效应有很大关系。尽管在相关研究中所建议采用的锻炼频率不一致，但大多数研究建议采用的频率是每周 2~4 次。研究结果表明，这种频率的锻炼能产生明显的心理效应。

5. 养成长期体育锻炼的习惯

有研究表明，锻炼身体的系统性越强，体育锻炼产生的身心效应就越强。有研究表明，健康、幸福感与长期进行身体锻炼呈正相关关系，积极参与身体活动者比不运动者的自我感受和评价更积极，其中女子较男子相关程度更高。这说明，只有坚持身体锻炼，养成良好的锻炼习惯，才能获得良好的健身、健心效果。

四、体育锻炼与社会适应

生活中的每个人都处在各种各样的社会关系之中，扮演着各种各样的社会角色。个人的心理健康水平不仅影响着自身的社会适应能力，而且在很大程度上影响其对人际关系的处理，从而影响一个人的生活质量和事业的拓展。

体育锻炼是学生在校生活的一个组成部分。具体体现在以下几个方面：

(一) 体育锻炼有助于促进健康人格的发展

人格是指一个人整个的精神面貌，即有一定倾向性的心理特征的总和。心理学研究表明，人格的形成、发展与人的活动密不可分，参与运动能够促进人格发展。体育锻炼既是身心活动的过程，也是一种社会活动。在体育锻炼中，锻炼者思维活动与机体活动的紧密结合，可促进人格的显示与发展。参加体育锻炼，既能培养积极向上、乐观、勇敢、拼搏、竞争、合作等精神，又能培养责任心、使命感、荣誉感。

(二) 体育锻炼有助于社会角色的学习

社会角色指个人在社会关系位置上的行为模式，它规定一个人活动的特定范围以及与其地位相适应的权利、义务与行为规范，是社会对一个处于特定地位的人的行为期待。在现代社会中，每个人都会在工作和生活中担任不同的角色。在工作中担任不同角色，便产生了职业；在生活中担任不同角色，则决定了自己应尽的义务和责任。在不同的场合以不同的身份与他人交往，能根据不同的社会环境进行相应调整，做出恰当的、合乎角色的反应，这是具有良好的社会适应能力的重要表现。而体育锻炼的运动场合，恰好为人们的社会角色的学习提供了良好的环境与适宜的条件，可以培养人们在工作和生活中胜任的角色。无论作为什么角色，都有相应的权利和义务，也就决定他的行为。通过体育角色的学习，可以使练习者懂得社会角色是与人的社会地位、身份相一致的一整套权利、义务与行为模式。也可以使练习者体会到，经过个人努力是可以成功扮演各种社会角色的。

随着社会的发展以及生活节奏的加快，许多生活在大中城市的人，愈来愈缺乏适当的社会联系，学生整天埋在书堆里，中年人忙于事业上的拼搏，老年人常与孤独相伴，人际交往缺乏，社会联系甚少。体育锻炼是一种很好的增加人与人接触和交往的方式。

经常参加体育锻炼，通过与他人的交往、沟通，可以增进情感交流和解除自我幽闭，使人忘却烦恼和痛苦，消除孤独感，并能提高自己的社会适应性。体育锻炼使学生相聚在运动场上，进行平等、友好、和谐的锻炼与竞赛。团结合作，相互竞争，相互交流，使学生相互之间产生亲近感，身心得到舒适的体验，产生良好的情绪状态，尤其是篮球、排球、足球等集体项目，可以使直接参与者和间接参与者通过体育运动结识更多的朋友，使每个人都融入集体中，为自己成为集体中的一员而感到心情舒畅，精神振奋。

第三节　体育与健康思想指导

学校体育与健康教育是全面发展教育的有机成分、对促进学生身心发展、提高综合素质有着重要的作用。学校体育教育在我国学校教育中走过了一百多年不平凡的发展历程，见证了我国学校体育教育价值取向的影响，并不断丰富发展着体育教育理论，不断推动着学校教育的进步。因而，在现代学校体育发展过程中，体育教育思想与价值取向问题一直是研究的热点问题，引起广泛关注和探索。在体育教育实践中明确体育教育思想的取向是搞好体育工作的前提和先导，对指导体育教育实践具有重要意义。

一、学校体育课程的价值取向

（一）体育课程目标的发展性取向

人的发展是体育教学追求的终极目标与核心，致力于人的发展的教育才是真正的教育。发展，就要提升人的地位，显示人的价值，开发人的潜能，昭示人的个性。过去的体育教学重技术轻能力，重结果轻过程，重掌握轻发展，过分关注课本知识内容的精确输出与认同。要实现全体学生在体育课中全面、主动、生动活泼地发展就要体现主体教学发展观，致力于体育教学目标上的发展性教育。

体育教学的发展性功能是借助于课程内容的学习实现的，现代体育教学推崇由课程构成要素决定的融知识、技能、能力和观念态度为一体的完整的发展性教育。这里教材的知识系统不再独尊，而源发于主体本身、更贴近人的本质的、隐蔽在知识背后的能力系统，价值规范备受关注。如在具体教学目标的研制上，既包括经验、事实、原理性的知识点，也包括能力要求、思考方法以及与学习内容相关的道德情感、价值观念、个性品质等教育因素。

未来的社会是学习化的社会，教育者必须由以往那种目标的精确制导与结果的追求转向学会认知、学会做事、学会共处、学会生存的可持续发展能力的教育积极倡导自主、合作、探究的学习方式，注重培养学生的创新精神。实现体育教学目标的导向，要体现学科学习能力与驾驭信息能力的整体合一性，注意将方法的收集、处理及方法使用的能力整合到学科能力之中，将思维的活动过程与信息的处理过程有机地统一起来。

成功的体育教学在于成功地寻找并确立学生心理结构与学科知识结构之间的最佳结合点。要从学生的心理特点出发构建适应学生心理发展的体育教学内容促使学生实现"最近发展区"上的最大发展。这就需要将体育教学置于研究基础之上力戒"照本宣科"的无效的不负责任的体育教学行为。研究教材，研究学生，注意从学生个体的实际情况出发，运用个别指导与合作学习相结合的有效方式，营造宽松和谐、民主平等的有利于个性化学习的体育教学氛围，最大限度地发掘学生的潜能发展学生的爱好、禀赋与特长。

以学生发展为本的教育要求必须将学生的发展置于社会文化教育的大背景之中、置于新世纪人才标准的需求之中，体育教学目标及为之服务的体育教学内容应体现鲜明的时代感体现动态的开放性。在体育教学中要尽力选择开放的体育教学内容，提供丰富的与学生生活背景有关的素材，重视展示利用教材内容与广阔信息资源间的开放性联系，并将之贯穿课程内外。

（二）体育教学活动的体验性取向

体育活动的体验性是针对传统体育教学忽视体育教学过程的亲历性和自主性而言的。强调体验性的理由十分明确，因为体验是知识的转化，经验的升华，是个性化的知识，它是自得自悟的生命活动状态。体育教学中的体验性包括三个方面：一是生存过程的体验再现体育锻炼的发生过程和思维展开过程，使学生亲历体育锻炼"生产过程"，领悟探索发现与经验积累的乐趣进行求实态度、探索精神与科学思维方法的教育。二是体育课程文化的体验通过教材内容与实际生活的对接，学生情感与外部世界的对接，原有经验与新鲜经验的对接，创设新的体育教学情境，构筑师生交往对话的平台，在小课堂连着大世界的氛围中享受表达与聆听的愉悦。三是创新性活动的体验性教育十分强调学习者的亲身参与和实践，这就决定了其体育教学的最佳方式应当采取参与式、探究式和主体活动式，促进学生自得自悟，在实践中学习，在合作互动中发展。这里的关键问题是以改变体育教学过程结构和组织结构来促进教师行为结构的改变。好的体育教学设计不应该是严谨的体育教学流程，而是对动态的、生成的过程的规划和预测，是对现实的、实态的过程的有效对策。传统"以教论学"的观念必须摒弃，代之而来的是"以学论教"，以学生学习活动为线索，强调学习活动的创造，实现主体参与体育教学事件的最佳整合。

（三）体育教学过程的互动性取向

互动是主体间的相互联系与能动反映，是活动中的师生相互交流、影响，不断作用的状态。体育教学活动中教师与学生、教与学是互构互生、良性互动的，是二者间的双向讨论、交流与沟通，这是一个"提问应答"、互为因果的互反馈活动系统。认识与把握体育教学过程的互动性是改造传统体育教学的"龙眼"。体育教学中师生的互动"交往"当然不是形式上热热闹闹的你来我往，而是人类社会生命本性的存在状态，是主体间相互理解与交往的"主体间性"的打造。这种"状态"与"打造"是在无内外压力与制约情况下的真诚敞开、交互共生在强调充分发挥"主体性"的同时，这一点显得更为重要。

体育实践的本质是交往活动，是教师与学生及师生与教材间的双向理解、问题解决以及应答讨论，形成共识的共创共生活动。从这一理念出发，教师绝不能再独霸课堂，"消化"学生，而应当特别强调课堂体育教学时空共有、内容共创、意义共生、成功共事。对于有效交往的理据，有的学者提出了三个"有效宣称"，即尊重客观事实的特性、与社会规范一致的正当性以及"捧得一颗心来"的真诚性。体育教学中的有效交往，当然也必须服从于这一规律，师生间的尊重、理解和关爱比什么都重要。互动的多元性与教育性体育教学中的互动是多元的，是多情境、多内容、多维度、多形式的互动体。例如情境，不只是直观生动的体育教学情景，还有融洽和谐的人文环境，发人深思的问题背景；内容也不只是课本知识的学习还有生活经验的积淀，生命意义的领悟，道德规范的认同，情感情操的陶冶；互动的角色也不只是师生间还有学生间、小组间、个体与群体间，师生与教材间的沟通。特别应当强调的是这种人际关系在体育教学情景中的教育性原则：其一是互动基本因素的把握，即个体明确的自我意识，良好的教育环境与氛围；其二是良好互动方式的运作，即以民主、平等的师生关系为基础，以亲密合作的人际关系为前提，教师与学生的角色是可变的，教师与学生的作用是互补的。相对于现实的班级集体授课制而言，小组学习、合作学习的方式应是体育教学互动的首选。

二、学校体育与终身体育价值

终身体育是指个体在人生的各个时期都要接受体育教育，坚持从事体育锻炼，维护身心健康发展。这要求人们在人生的各个时期都能够将体育锻炼作为日常生活的组成部分，充分享受体育的乐趣，为终身健康打好基础。以终身体育为指导思想，要以增进学生身心健康为出发点和归宿，在体育教学中要重视培养学生的体育能力。学生接受体育教育是他们人生接受学校教育的重要方面。在这一阶段，强化终身体育意识，树立终身体育观点，掌握终身体育锻炼的技能，为适应社会化过程就显得尤为迫切和重要。这不仅是培养和塑造未来建设人才的需要，更是新世纪社会生活高度文明和公民身体健康的需要。

（一）学校体育与终身体育

如果把人生中的身体锻炼活动分成若干个环节的话，那么学校体育在终身体育整体中刚好处在连接学前体育和社会体育的中间环节，因此学校体育对学生实施终身体育起着很重要的作用。而学生时代是人生的重要阶段，学生的智力、身体、思想发育都很关键，在学生时期灌输终身体育的思想对学生今后形成终身体育的生活方式具有很大的影响。在这个关键阶段，如果实施科学的学校体育教学方法，就能促进他们身体朝着良好的方向发展，为一生的健康生活和工作打下良好的体质基础。

此外，学校体育还为培养学生终身体育锻炼的能力提供了实践环境与条件，并让他们认识到学校体育不仅是人生学习体育知识技能与实践体验的过程，而且是人生终身体育锻炼兴趣和习惯的培养阶段，使学生对体育的认识层次不断提高，最终形成终身体育观念和习惯，这样学生才能适应社会工作变化的需要，才会维护好自身的健康水平。

现代学校体育的观念将十分注重把增强学生体质、增进学生身心健康的阶段效益与培养终身体育兴趣、习惯和能力的长远效益结合起来，更好地发挥学校体育对提高学生身体健康水平、心理健康水平、社会适应能力的作用，促进学生的个性发展。学生一旦养成坚持体育学习和锻炼的意识、习惯和能力，走出校门后会自觉地参与到全民健身的队伍中去，会成为全民健身的主力军，有效地促进国民健身朝全民化、终身化方向发展。也只有这样，全民健身才能更有生命力，真正成为改善人们生活方式、提高人们健康水平和生活质量的重要途径和手段。

学校体育为了适应现代社会发展对人才培养的需求必须以终身体育思想为主导思想，立足于将学校体育的近期效应和长远效应相结合，注重培养学生的体育兴趣、意识、习惯和能力。这是推动学校体育与终身体育接轨，培养身心健康、有良好体育习惯和能力的高素质人才的发展方向，对学校体育改革、发展以及推进全民健身具有十分积极深远意义。

（二）终身体育与其他体育思想的统一性

当前我国学校体育指导思想出现了多样化发展趋势，如"健康第一""素质教育""体质教育""技能教育""快乐体育""终身体育""成功体育""主动体育"等思想。其实它们是辩证统一的。终身体育思想是作为学校体育的指导思想，是基于各种指导思想的统一性认识。

第一，健康第一与终身体育的关系。终身体育必须把学生身心健康作为根本目的。这是因为体育将成为提高生活质量的要素，走进人们的生活，学校体育要把握好健康与体育的本质联系，通过学校体育培养学生终身健康与终身体育的意识、习惯和能力。所以，终身体育与健康第一是相通的。同时，健康第一与终身体育也有不同之处，健康第一是针对整个学校教育中应试教育的弊病提出的，学校教育首先应强调学生的健康，而不是分数，要求学生身心健康比考试、升学或就业更重要。而终身体育则更多地关注人的一生健康，注重提高人们的生活质量，提倡科学文明的生活方式，进而提升人们的生命质量。终身体育着眼长远效应，强调为学生终身体育打基础。所以，健康第一与终身体育的指导意义的辩证统一的。

第二，素质教育与终身体育的关系。素质教育体现的是终身教育的思想，其着眼点是重视培养学生的创新精神和实践能力，为学生全面发展和终身发展奠定基础。为适应终身体育思想的要求，素质教育应尽可能好地在学校教育阶段完成人们可持续学习与发展的基础和能力培养。只有这样，终身体育的全过程才能顺利实现。终身体育思想是把人一生的身心健康问题看成一个系统，把学校体育看成人一生身心发展的子系统。终身体育把学校体育的视角从关注学生的当前扩展到关注学生的未来，甚至终生。这种思想对学校体育的整体改革有重大的推动作用。素质教育的基本特点就是强调教育的基础性、整体性、全面性，要求传授知识与学生能力培养、个性发展紧密结合起来。这与终身体育所重视的培养学生体育兴趣、意识、习惯和能力同出一辙。然而，素质教育是就整个教育中存在的应试教育现象而提出的，从体育的本质特点看，素质教育也要求终身体育，所以素质教育与终身体育是辩证统一的。

第三，体质教育与终身体育的关系。体质教育以增强学生体质为学校体育的主要任务，它反映了学校体育的本质特点，也符合我国学校体育的实际情况。普遍增强学生体质，对我国学校体育理论与实践发展起过重要的历史作用。随着现代健康观、素质教育观、全面人才观的提出和发展，体质教育观念受到一定冲击，过去那种侧重身体角度的体育观，逐渐被生物、心理、社会的多维体育观所代替。但是体质教育观仍然具有重要价值，符合健身运动发展需要。从终身体育的角度出发，即便体质与健康不同，从身体健康的角度看，体质教育仍然是体育重要的功能是终身体育所需要的。

第四，技能教育与终身体育的关系。技能教育的指导思想，是指以掌握运动项目的技术、技能为指导的思想。技能教育容易导致以技术教学为中心，以"达标""通级"为目的导致教学过程竞技化倾向。以技能教育为指导思想，会忽视兴趣培养、习惯养成的隐性目标和体育能力、价值观培养的长远目标，最终也会使学校体育的阶段目标受到影响。但是，技能教育仍然是学校体育教学的重要方面，从终身体育的形成和发展来看，在一定程度上体现了人们关注健康和提高生活质量的需要，要进行终身的体育锻炼，就离不开对体育基础知识、基本技术和技能的学习、掌握和应用。因此，学校体育如果离开了体育知识与技能教学，学生进入社会后不知道用什么样的方式进行体育锻炼，从而不去锻炼，这样终身体育就失去了支撑。因此，在提倡以终身体育为指导思想时，也应该将技能教育有机地结合起来。

第五，快乐体育与终身体育的关系。快乐体育的指导思想，是指在体育运动中使学生获得内在乐趣，从而促使学生自觉地、主动地参与体育的一种思想。快乐体育侧重从体育过程、体育方法上让学生体验体育的乐趣，强调一种情感体验引出运动项目的魅力教学生爱学体育。学生体验成功的乐趣，既是学校体育的目标，又是激励学生的手段。快乐体育与终身体育密切联系，快乐体育强调要使学生理解运动的意义和价值，培养学生运动实践的兴趣、爱好和能力，而不是只追求某一特定的运动技能和运动熟练程度，强调把保持健康贯穿于终身的实践。从快乐体育的本质特点看，快乐体育是以终身体育思想为依据的，特别重视学生体育兴趣、习惯和能力的培养。所以快乐体育与终身体育是统一的。

总之，学校体育的指导思想是多元化的。没有任何一种指导思想可以取代另外一种指导思想，相互之间主要还是兼容、并存关系。在众多的指导思想中，人们应该从系统的、科学的认识出发，树立一种指导思想，使学校体育的发展既有"主线"，又使学校体育各个方面都有指导思想的指引，优势互补，形成科学效应。通过对以上关系的分析表明，将终身体育思想确定为学校体育的指导思想，是学校体育领域具有深远意义的改革与发展取向。

（三）学校实施终身体育的基本要求

体育教学是学校体育的基本组织形式，也是实现学校体育目的任务的主要途径。学校体育教学要以终身体育作为指导思想，应当注意以下几个方面的要求：其一，通过体育教学要使学生对体育有比较正确的认识和积极的态度，懂得锻炼身体的目的和意义，树立终身体育锻炼的习惯和观念。其二，要使学生对自己身体情况和体育能力做出符合实际的了解与评价。其三，具有健身方法学的知识，能够运用多种基本运动技能和健身方法进行经常性的健身锻炼。其四，要具有独立进行健身锻炼的能力。

　　学校体育教学以终身体育为指导思想，要求学校体育应当努力培养学生身心自我完善的能力，提高学生对自我身体锻炼重要性的认识，使他们具有终身锻炼身体的欲望，不仅在学校学习时期，而且进入社会以后，在任何时候和任何情况下都能自觉地、独立自主地进行身体锻炼，以保持体育教学效益的连续性。为此，学校体育教学要以增强学生体质提高身心健康水平为出发点和归宿，将传授体育知识、技术和技能与科学锻炼身体的原则、方法有机地结合起来，培养学生终身体育的观念、兴趣、爱好和能力，养成经常从事体育锻炼的习惯从而培养学生德、智、体、美、劳协调发展，身心和谐统一，以适应现代社会和未来发展需要。

第二章　体育健康教学与体能教学

第一节　体育与健康教学设计

培育体育与健康学科核心素养的关键在于教学设计，好的设计可以提高课堂教学效率，从而达到最佳的教学效果。体育教学设计是一个系统化的过程，这个系统过程包括：相关分析、教学目标设计、教学内容设计、学习活动设计、教学评价设计和教学资源设计，该过程中的各环节共同作用并相互交织，服务于促进学生学科核心素养的落实。

一、体育与健康教学设计要素

传统的体育教学设计重视碎片化知识的传递和单个技术的学练，忽视了知识的应用以及能力的培养。核心素养导向下的体育教学设计强调以结构化的知识与技能学习为依托，创设具有关联性的"问题链"，设计贴近生活的多元情境，并借助多样化的资源，引导学生在合作与探究的过程中发展运动能力、健康行为和体育品德。

（一）体育教学设计内涵

教学设计是运用系统的方法，将学习理论与教学理论转化为对教学目标、教学内容、学习活动和教学评价等环节的具体计划与实施。体育教学设计是教学设计的下位概念，是有效开展体育课堂教学活动的前提，也是落实学科核心素养和贯彻课程标准理念的主要载体。

核心素养导向的体育教学设计是指在开展教学活动之前依据体育与健康学科核心素养和课程标准，遵循教学理论、学习理论，以"单元"为基本单位来设计学习目标，确定合适的教学起点和终点，运用系统分析法，预先对体育教学活动诸要素进行的创新性探究与策划。这是一个系统规划体育教学系统的过程。

依据时间跨度，体育教学设计通常可以分为学段教学计划设计、学年教学计划设计、学期教学计划设计、模块教学计划设计、单元教学计划设计和课时教学计划设计。体育教师在设计以上教学计划时，应将学科核心素养细化到不同类别教学计划的教学目标之中，再借助目标引领内容的方式层层推进，通过具体的课堂教学活动来落实学生核心素养的培育。此过程不仅要从"教什么和如何教"的角度进行思考，更要从"学什么和怎样学"的视角进行系统设计。

（二）体育教学设计要素

核心素养导向下的体育教学设计是围绕发展学生核心素养和身心健康而展开的。体育教学设计的基本要素大致可归纳为在对教材、学情分析及问题链建构等进行相关分析的基础上，对教学目标、教学内容、学习活动、教学评价和教学资源等的设计。

1. 相关分析

相关分析包括教材分析、学情分析、教法分析以及"问题链"建构。教材分析的重点在于了解教材的内涵和育人价值，知道教材在整个教材体系中的地位和作用，建构知识技能结构，综合分析教学重点及学科核心素养关注点。学情分析的重点在于了解学生的认知水平、身心特点以及现有的能力水平，并在此基础上确定学生的学习起点，分析学生在学习新知识时可能会遇到的难点问题。

在教材分析和学情分析的基础上，要依据教学的重难点，确定适切的教学方法，确定单元基本问题，围绕单元基本问题进行整体性设计，将单元基本问题分解为若干课时关键问题，每个课时关键问题再分解为 1～2 个小问题，螺旋上升，层层递进，建构起单元"问题链"。

2. 教学目标设计

教学目标设计是对教学应达到的结果或标准的预设，是教学设计中最为重要的一个环节，在设计过程中应该重点关注教学目标的整体性、层次性与可达程度，设计出的目标既能引领教学内容的实施，又能与学科核心素养有机融合。

在操作层面上，教学目标设计要紧密围绕体育与健康学科核心素养设计目标维度，其中单元教学目标包含运动能力、健康行为和体育品德三个维度，课时教学目标包含体育认知、运动技能、体能和体育情感四个维度。此外，在设计教学目标时还要根据目标类型，选用合适的表述方法。

3. 教学内容设计

教学内容是为了达到体育教学目标而选用的体育知识与技能体系，教学内容既有一定的结构体系，也有不同的层次。在进行教学内容分析时，注重分析教学内容的广度和深度。广度指学生必须达到的知识和技能的范围，深度指学生必须达到的知识深浅和技能水平，并在此基础上科学选择和开发教学内容，同时要注重内容各部分之间的内在联系，做到有序安排。

学科核心素养导向下的教学内容设计要注意以下四点：一要坚持目标引领内容的思路，根据教学目标确定教学内容；二要指向学科核心素养，凸显教学内容的育人价值；三要符合学生身心发展规律，符合学生的认知水平；四要注重教学内容的趣味性，能够激发学生的学习兴趣。

4. 学习活动设计

核心素养导向下的学习活动设计是从核心素养导向的教学目标出发，基于对教材教法和学生学习需求的分析，围绕运动能力、健康行为和体育品德三个方面，构建教学"主要问题"的框架，在此基础上设计"解决问题"的具体步骤与路径，为学生参与体育学习提供实践体验情境。

学习活动的设计主要包含目标、情境、过程和评价四个基本要素。具体操作需要围绕设计要素展开：一是确定活动目标，目标确定要注重学科核心素养的培育；二是设计活动情境，情境要符合学生认知水平，并贴近现实生活；三是设计活动过程，过程中应选择合适的策略、方法和手段落实教学内容，凸显学科育人价值；四是设计活动评价，评价要注重多元化和即时性。

5. 教学评价设计

体育教学评价是按照一定的评价标准，运用科学的方法和手段，对体育教学的要素、过程和效益进行价值评判的活动。核心素养导向的体育教学评价设计应从评价目的、评价内容、评价主体、评价方式和评价工具等五个基本要素入手。单元教学评价设计应重点关注学科核心素养的评价，评价维度为运动能力、健康行为、体育品德三个方面。课时教学评价设计应重点关注教学目标的评价，评价维度为体育认知、运动技能、体能和体育情感四个方面。

从操作层面来看，首先，根据学习目标建立评价体系，构建系统性评价指标；其次，表达方式以鼓励和期望为主，激发学生学习积极性，最后注重定性与定量，绝对与相对，诊断性、形成性和终结性评价相结合，体现评价的全面性、即时性和有效性。

6. 教学资源设计

教学资源是指以达成教学目标为导向，为教学的有效开展所设计、开发和使用的相关资源。核心素养导向的教学资源设计应该指向学生学科核心素养的发展，充分挖掘各类教学资源的育人价值，辅助教学活动的生成，推动教学任务的落实，进而促进学生学科核心素养的发展。

从操作层面上看，可以对人力资源、教学内容资源、场地器材资源、信息化资源和自然环境资源进行设计。教学资源设计的过程：首先，分析教学需要，选择合适的教学资源；其次，积极改造现有资源，提升学生学习积极性；再次，合理运用资源，解决教学重难点问题；最后，充分积累资源，主动建构资源库。

二、体育与健康教学相关分析

相关分析包括教材分析、学情分析、教法分析和"问题链"建构。进行相关分析有利于教师对教材的内涵要义、育人价值及动作结构有整体性的把握，便于梳理教学的重点内容；还有利于教师对学生的认知水平、身心特点及能力水平有充分的了解，便于发现学生学习的难点所在，进而确定合适的教学方法；在综合把握教学重难点的基础之上，确定单元基本问题，建构单元核心"问题链"，明晰单元核心问题脉络，在解决问题的过程中实现学科核心素养的培育。

（一）教材分析

教材分析是教师进行教学背景分析时要思考的问题，同样也是进行教学设计时的基础性工作。在进行教材分析时，要真正理解教材内容，把握教材编写的意图，深刻理解教材背后所隐藏的丰富内涵。此外，还要钻研教材，分析教材在单元及整个教材中的地位和作用，探究知识与技能的结构，准确把握本教材与其他单元内容之间的联系，深入挖掘教材的育人价值。在进行教材分析时要重视以下三个方面：

1. 挖掘教材价值内涵，聚焦学科核心素养

分析教材一方面要研读课标，把握教材编写意图，另一方面要挖掘教材内涵价值，提炼教材的育人价值与核心素养培育点。只有深挖教材内涵和育人价值，才有可能实现由"教教材"到"用教材教"的目的。

分析教材内容时要做到字斟句酌、深入浅出。换言之，只有对教材分析的"深入"，才会有课堂教学的"浅出"，教材的内涵要义、育人价值和学科核心素养才能外显于过程，内渗至课堂。

2. 梳理教材内容体系，建构知识技能结构

分析教材内容在教学单元乃至整个教材中的地位和作用不容忽视，因为教材是最重要的教学资源，只有在把握课标要求的基础上吃透教材，清晰了解教材内容的系统结构，准确把握教材内容之间的纵向和横向联系，才能将教材内容进行有机关联，同时便于结构化知识与技能的建构。

不对教材进行细致的研究，泛泛阅读，一知半解，就不可能整体性把握教材内容体

系，也不能领会教材之间的相互关联。在进行教材分析时，要对教材中的技术动作有明确的认知，知晓技术动作过程，把握技术动作要点，提炼技术动作的关键环节，只有这样才能建构出结构化的知识与技能，才有助于把握教材本质。

3. 综合分析教材要义，萃取教学重点

在挖掘教材价值内涵，梳理教材内容体系的基础上，需要对教材进行综合分析，把握教材要义，了解教材的理论依据，知道教材的课堂实施需要哪些体能作为支撑，理解教材的动作结构，明确动作过程、要点与关键环节，在此过程中萃取教学重点。

教学重点的提取是一个综合分析和反复琢磨的过程，只有在此基础上才能将静态的、抽象的教材唤醒，才能使课堂教学更具靶向性，也更有利于学生学习目标的达成。

（二）学情分析

学情分析是指教师在了解学生已有认知水平、身心状况、学习基础以及能力水平的基础上，对学生的学习起点、适用的教学策略，以及学习新知识可能遇到的困难做出综合分析。学情分析既是教材分析的重要前提之一，也是确定教学难点的依据。通过学情分析既可以了解学生的认知水平与身心特点，也能够知道学生的能力水平。在进行学情分析时，既要对年龄阶段共性问题进行特定分析，又要针对班级学生的具体情况进行细致分析。进行学情分析时要关注以下三点内容：

1. 了解学生认知水平，遵循身心发展特点

对学生的认知水平、心理和生理特点进行分析有利于整体把握学生的基本情况，分析的关注点要聚焦于认知水平、生理与心理特点以及学习动机等方面。

教学设计过程中，教师要清楚地知道各学段学生特有的生理规律，清楚相应年龄阶段学生的心理特征和认知水平，只有遵循学生认知水平和身心发展特点和规律，才能提高教学设计的合理性、适切性与针对性。

2. 摸清学生学习基础，明确学生学习起点

学生的学习基础差异较大，只有充分了解学生的差异，从学生现有的认知水平、知识经验和能力水平出发，提出符合实际的教学任务和教学目标，选择恰当的教学内容、教学策略和教学方法，才是教师确定从哪里开始教、教什么的依据，也是确定学生学习起点的依据。

对学生学习起点的准确把握，一方面意味着"因材施教"教学理念在课堂教学中的积极落实，另一方面也代表教师已经把握了学生的学习基础，并在此基础上进行有效的教学活动设计。

3. 把握学生能力水平，确定体育教学难点

教学难点的确定在于准确把握学生的认知水平、身心特点和学习起点，在此基础上认清学生现有的能力水平，进而找到学生学习的困难之处。在教学设计中需要对学生进行全面的分析，如观察学生能否理解学习内容，学习状态是否积极，是否能够快速掌握动作技能，学练过程中的情感表现如何等。

教学设计中，只有了解和掌握学生认知水平、身心特点、学习起点与能力水平，教师才能够找到学生的学习难处，进而根据教学难点制订适宜的学习目标和任务，做到有的放矢、得心应手。

（三）教法分析

教法分析是指在学情分析和教材分析的基础上，选择适切的教学方法，体现因材施教。教师应根据课程标准、教材特征、教学目标等方面的要求，结合学生的技能体能基础、身体心理等方面的特点，合理选择和运用教学方法，创新教学方式，促进学生在运动能力、健康行为、体育品德等方面的整体发展。进行教法分析时应注意以下两点：

1. 基于教材学情分析，选择适切的教学方法

教学方法的选择要基于对教材和学情的深入分析，充分考虑教学条件，选择适切的教法。一方面，教法的选择要体现主体性，依据学生身心发展的特点和认知规律，搭建学生"主动学习"的平台，使其在体育学习过程中表现出浓厚的运动兴趣，逐步养成自主锻炼的良好习惯。另一方面，教法的选择要体现科学性，遵循人体生理机能适应变化和动作技能形成的规律，科学、准确地选择教法，有效地帮助学生开展学练，促使每一位学生得到发展。

2. 关注核心素养培育，大胆创新教学方法

俗话说"教无定法，贵在得法"，这提示我们教学方法不是固定不变的，要因人、因时、因材而异。学科核心素养导向下教学方法的选择，要以结构化的知识与技能学习为依据，深入分析不同学生群体和不同教材内容之间的差异，有意识地设计差异化学练情境，以问题化的方式引导学生进行自主性或合作性探究学习。这就要求体育教师要按照课程标准所倡导的结构化、情境化、问题化、信息化等要求，大胆创新教学方式与方法，努力做到教法因人而异，因教材而异。

（四）"问题链"建构

"问题链"建构是指在教材分析和学情分析的基础上，依据教学的重点、难点，针对

单元基本问题进行的一种有机拆分与细化，具体表现为关联性的"问题链"。在进行问题建构时，既要把握教学的重难点，又要明确单元的基本问题，只有基于以上两点才能把握单元的内在联系，才能建构起关联性强的"问题链"。

1. 依据教学重点、难点，确定单元基本问题

在教材分析和学情分析的基础上，提炼出教学的重点、难点。教学重点、难点的确定既有利于课堂教学的聚焦，也有利于单元基本问题的确定。教学重难点的确定建立在综合分析的基础上，具体表现为对教材育人价值的充分挖掘、对教学内容的有机梳理、对学生认知水平和身心特点的深入了解，以及对学生能力水平的充分把握等。单元基本问题是对教学重难点的抽象，以问题的形式将本单元必须要学生掌握的内容展现出来。通过思考和提出"基本问题"，有助于教师把握教学的内容重点，提高教学的针对性。

2. 依据单元基本问题，建构关联性"问题链"

在明确单元基本问题以后，就要对单元基本问题进行有机的拆分与细化。在进行问题建构的过程中，要坚持循序渐进和螺旋式上升的原则，指向学科核心素养，以能力发展为主线建构有机关联的"问题链"。

教学设计过程中，"问题链"的建构要围绕单元核心问题而展开，一般拆分为4~6个课时关键问题为宜。课时关键问题之间呈螺旋式上升的关系，目的是逐步提升学生的运动能力、健康行为和体育品德。此外，建议针对课时关键问题进行分解，并设置提问环节，以1~2个问题为宜，指向课时关键问题的解决。

三、体育与健康教学目标设计

（一）体育教学目标设计的概念

教学目标设计是对教学应达到的结果或标准的预设，它是建立在对教学对象、教学内容及教学条件有一定了解的基础上进行的。核心素养导向的体育教学目标设计是指体育教师根据课程教学目标，结合学生身心发育特征及教材特点，确定学生经历学习活动后，在运动能力、健康行为和体育品德方面将达到的状态，并将这种状态用具体、明确、可观察、可测量的行为或结果表述出来的过程。

（二）体育教学目标设计的原则

1. 目标设计整体性原则

教学目标的设计是在教育目的、培养目标的宏观指导下，结合特定的教学对象、教学

内容、教学条件进行的。核心素养导向的体育教学目标设计要整体把握体育教育对学生学科核心素养发展的作用，从体育认知、运动技能、体能、体育情感方面对体育教学目标进行整体设计，只有这样才能有助于达成体育课程目标。

2. 目标设计层次性原则

在目标设计时，各模块、单元及课时目标要层层衔接，以更好地将上层教学目标进行合理分解，达到各层次目标的整体协调。模块与单元的教学目标设计一定要注意依据学段和水平的教学目标，并对其进行分解，要注意详略结合。同时要注意对微观层级教学目标的指导作用，做到前后联系与衔接。

3. 目标设计可量化原则

每堂课的教学目标必须明确、简洁、可操作，一般以 3~4 个为宜。简洁可操作的目标有助于教师和学生明确每堂课的具体教学任务，并选择合适的教学方法进行教学，还有助于教学评价的实施，利于清晰明确的反馈。

（三）体育教学目标设计的维度

体育教学目标应依据体育与健康学科核心素养和现有的课程三维目标体系，针对体育与健康学科特点进行设计。单元教学目标的设计主要从运动能力、健康行为和体育品德三个维度进行。其中，运动能力方面的目标内容包括运动认知、运动技能和体能状况；健康行为方面的目标内容包括锻炼习惯、情绪调控和适应能力；体育品德方面的目标内容包括体育精神、体育道德和体育品格。

课时教学目标要从体育认知、运动技能、体能和体育情感四个维度来进行设计。体育认知领域的教学目标主要体现在对运动和健康相关知识的掌握和运用，包括运动认知和健康认知两大部分。运动技能领域的教学目标主要体现在学生对各种基本活动动作、不同运动项目活动方法的掌握和运用，进而促进学生基本运动能力的发展，它包括技战术运用和体育展示与比赛两大部分。体能领域的教学目标主要是为了提高学生的身体素质，包括健康体适能、技能体适能、体能原理与方法三方面的内容。体育情感领域的教学目标主要包括德育情感目标和价值情感目标。

四、体育与健康学习活动设计

随着课程改革的深入，以学习活动为中心的设计已成为教学设计领域的新趋势和新转向，这种设计范式的转变意味着从关注教师"教"的活动设计转向学生"学"的活动设计。学习活动的设计是核心素养导向的体育教学设计的核心内容，本节从学习活动的概述、设计理论、设计方法及案例来对学习活动设计进行阐述。

（一）体育学习活动概述

1. 体育学习活动的定义

体育学习活动是在教学目标指导下，精心设计的以学习者为主体的学习系统行动方案，学习者在学习系统活动过程中体验、思考、建构知识，领会学习重点，突破学习难点，提升运动能力、健康行为和体育品德。

2. 体育学习活动的分类

学习活动的分类形式多样，可以根据课的结构、活动目的、学习方式、运动技能形成过程等分类。

（1）根据课的结构分类

根据课的结构，可将学习活动分为准备活动、主题活动和放松活动三大部分。

准备活动是课的开始部分，是学生从相对静态到动态的转换，活动要能激起学习兴趣，集中学生注意力，为基本部分的主题活动做好身体和心理上的准备，防止运动损伤。主题活动主要发生在课的基本部分，是围绕提升学生的运动能力、健康行为和体育品德三方面的素养而设计的一系列学习活动。放松活动是课的结束部分，是学生从动态向静态的转化，目的在于降低大脑皮层的兴奋度，放松肌肉，使机体逐渐恢复到安静状态。

（2）根据活动目的分类

根据活动目的，可将学习活动分为技能活动、体能活动和综合活动。

技能活动是指学习、掌握、运用运动技能的活动，主要包括感受知识与技术、学练技能与方法、身体表现与运用等。体能活动是从学生身体健康的角度出发，主要发展一般体能和专项体能的活动，包括学习健身知识与方法、体能练习与负荷、运动训练与巩固等。综合活动是基于学生的全面发展来设计的活动，主要包括探究知识方法与规则、内容组合与创编、合作完成任务等。

（3）根据学习方式分类

根据学习方式，学习活动可分为自主学习活动、探究学习活动和合作学习活动。

自主学习活动是指以学生自愿自觉、主动积极为前提，以运动技术自我操练为本体，在教师引导后进行的身体练习与体悟，或在身体练习过程中，体育教师给予个别化反馈与指点的体育学习活动。它有利于发展学生的自主学习能力。探究学习活动是学生从体育与健康学科领域和现实生活中的问题或任务出发，通过形式多样的探究活动，以获得知识和技能、发展能力、培养情感体验为目的的学习方式。它有利于发展学生发现问题、解决问题的能力。合作学习活动是以小组为基本学习单位，且各小组有相同的学习目标，组内成员都为达成小组目标而贡献自己的力量。它有利于发展学生的合作交往能力。

（4）根据运动技能形成过程分类

根据运动技能的形成过程，可将学习活动分为模仿活动、学练活动和应用活动。

模仿活动常应用于运动技能形成的泛化阶段，此时学生参与学习活动的目的是初步掌握、体验技术动作。学练活动是运动技能形成的分化阶段的常用方式，学生参与活动是为了深入理解肌肉活动感觉，不断改进技术动作，使动作更加规范，形成动作定型，此时的练习活动应循序渐进、从易到难、从简单到复杂。应用活动是巩固和自动化阶段的主要方式，此时学生的动作熟练、省力、自如，学习活动应注重运动技能的运用，可设置丰富多样的游戏或比赛，让学生在实际应用中不断巩固运动技能的应用。

在具体的体育教学过程中，为了达成体育教学目标、突破重难点，教师可根据需要选择不同类型的学习活动。

（二）核心素养导向的体育学习活动设计

1. 体育学习活动设计的概念

核心素养导向的体育学习活动设计是从核心素养导向的体育教学目标出发，基于对教材教法和学生学习需求的分析，围绕"运动能力""健康行为"和"体育品德"三个方面，构建教学"主要问题"的框架，在此基础上设计"解决问题"的具体步骤与路径，为学生参与体育学习提供实践体验情境。

2. 体育学习活动设计的原则

（1）目标导向原则

目标导向原则是指教师在设计学习活动时，应依据课程标准的基本要求，明确整个教学的结构体系，确定学生通过学习活动在运动能力、健康行为和体育品德方面所达成的学习目标，设置学习活动的情境和过程，并设计相应的评价等，体现目标、情境、过程及评价的一致性。

（2）适宜负荷原则

适宜负荷原则是指在设计学习活动时，要合理安排运动强度和运动量，注重提升学生的健身效果，促进学生体质健康的发展。运动负荷要与教学目标、教学内容和学生身体发展需要相适宜，要对机体产生有效刺激，但不能对学生的健康造成损害。

（3）主体参与原则

主体参与原则强调学生是活动的主体，在设计活动时，要着力满足学生的需求与爱好，在整体设计、情境创设、内容安排、方法选用和学习评价中，都要突出学生的主体地位，为学生提供更多的练习时间和空间，促进学生体育与健康核心素养的培育。

（4）体验乐趣原则

体验乐趣原则是指学习活动的设计要使学生在发展运动能力的同时，体验运动的乐趣，获得良好的成功体验，充分调动学生的学习积极性，以使学生喜爱运动并养成参与运动的行为习惯，为终身体育打下基础。

（5）安全保障原则

安全保障原则是指在学生活动设计中，要根据体育教学中存在的安全问题，对学生进行相关的安全运动教育。在活动设计中必须全面地设想所有的安全隐患，及时对学生进行安全教育，建立与运动安全有关的安全保障制度和设备检查环节，并在活动过程中设立安全员，重视对学生安全运动意识的培养。

3. 体育学习活动设计的要素

核心素养导向的学习活动设计应包含目标、情境、过程和评价四项基本要素。

活动目标是导向，是整个学习活动设计的指引，目标要体现学生"运动能力""健康行为"和"体育品德"三方面的发展。活动情境是基于目标创设的活动环境，是学习活动发生的境域，包括学习场景、情感氛围和活动角色等。活动过程是学生参与学习活动所经历的程序，是由活动任务、活动步骤和支持系统构建起来的。活动评价既是对学习活动品质的检验，也是对目标达成情况的检验。学习活动的评价应与活动过程相联系，要关注对学生学习品质、学习习惯和学习态度的评价，要便于操作且有所侧重。

4. 体育学习活动设计的方法

教师在进行学习活动设计的过程中，首先要依据目标导向原则确定学习活动的目标。在此基础上依据活动目标的特点，在学生主体原则的要求下，围绕目标创设合理的活动情境，学生在情境中扮演活动角色、完成活动任务、达成活动目标，此过程应满足健身实效原则和安全保障原则。最后通过活动评价来检验活动目标的达成情况。

（1）活动目标设计的方法

设计活动目标是学习活动设计中的首要环节，是指依据教学目标和任务，明确本次活动要达成的目标。教师在设计活动目标时，应围绕发展学生的"体育认知""运动技能""体能"和"体育情感"四个维度的素养进行设计，具体表现形式是在活动中解决某一问题。如在活动中解决某个技术难点、探求新知、逐渐克服运动中的心理恐惧等。

（2）活动情境设计的方法

教师在设计活动情境时，应设置适宜的学习场景，营造相应的情感氛围，并设定学生在活动中承担的角色。如在篮球比赛活动设计中，要合理选择篮球比赛场地，营造活泼、热烈的比赛氛围，并安排每个学生在比赛中扮演的角色（比赛队员或裁判）。设计活动情境应考虑设计的情境能否激发学生的学习热情，与学习内容之间的契合程度如何；设计的角色是否丰富，能否激发学生兴趣，分工是否合理；活动资源的设计是否合理且多样。

（3）活动过程设计的方法

活动过程的设计应包含活动任务、活动步骤和支持系统。其中，活动任务的设置要关注学生的身体发育、能力发展和德育养成，要合理安排运动负荷，突出活动中的合作交往及探索创新，注重学生意志品质等体育品德的培养。活动步骤是指根据活动任务的内容及要求，科学安排活动的开展顺序，设置活动流程。支持系统是指支撑活动顺利开展的学习资源及安全保障，资源的设计要体现经济、安全、合理、高效的原则，并确保整个活动的安全性。活动过程的设计必须从学生实际需求出发，结合目标，凸显活动的重心，整体布局活动的顺序，在此基础上整合编排活动内容，选择相应的组织形式，细化活动步骤，明确具体要求，形成活动的整体规划。

（4）活动评价设计的方法

活动评价设计是指根据学习目标和内容，选择活动评价要点，设定相应的观测点。应注意观测点的确立要便于操作，有所侧重，不能宽泛评价。在评价时应考虑评价是否与实施过程建立了联系，评价要点的指向是否明确、形式是否多样，是否关注学习品质、学习习惯、学习态度等问题。此外，学习活动的评价要以提供即时反馈为主，有研究表明，即时反馈可以增加反馈与结果知觉之间的联系，更有利于运动技能的形成。在学习活动中提供即时反馈有助于学生及时了解自己的学习结果，这种对自身学习结果的把握会起到强化作用，增强学生的学习信心和积极性，从而提高学习的效率。

六、体育与健康教学评价设计

教学评价设计是教学设计的重要组成部分，它是评价教学目标是否达成、教学内容是否合理、教学实施是否有效的重要依据。教学评价设计涵盖面广，包括课程教学评价设计、学段教学评价设计、水平教学评价设计、模块教学评价设计、单元教学评价设计和课时教学评价设计，贯穿整个教学过程的始终。

（一）体育教学评价概述

1. 体育教学评价的定义

体育教学评价是按照一定的评价标准，运用科学的方法和手段，对体育教学的要素、过程和效益进行价值评判的活动。核心素养导向的体育教学评价应指向学生的运动能力、健康行为和体育品德，重点围绕其教学目标对学习活动的过程及效果进行评价，并评定其价值和优缺点以求改进。

2. 体育教学评价的分类

体育教学评价的分类多样，根据评价手段可分为定量评价和定性评价；根据评价标准可分为绝对性评价和相对性评价；根据评价作用可分为诊断性评价、形成性评价和终结性评价。

（1）定量评价和定性评价

定量评价主要通过数字、度量来收集与描述课堂教学现象，进而采用统计、比较与分析的方法对评价对象进行思维推断，以数据形式反馈的评价。定量评价的优点是评价结果客观、公正，利用数据阐明现象。如对身体素质以及运动技能的评价就是定量评价。

定性评价主要是通过文字、图片来收集与描述课堂教学现象，进而采用分析和综合、比较和分类、归纳和演绎等方法对评价对象进行思维推断，以语言形式进行反馈的评价。定性评价的优点是能全面、真实地反映课堂教学现象。对学生体育情感，如体育精神、体育道格、体育品格、情绪调控、适应能力等的评价就是定性评价。

（2）绝对性评价和相对性评价

绝对性评价是按照某个评价基准，把每个评价对象逐一与评价基准进行比较的评价。绝对性评价的优点是评价基准客观，可以使评价者清楚地看到被评者与基准之间的差距。

相对性评价是体育教师根据自己的需求建立评价基准（班级的平均值或者自己的入学成绩等），把每个评价对象逐一与评价基准进行比较的评价。相对性评价的优点是能正确地评价个体在整个群体的相对位置以及自己的进步幅度。如教师在学期初通过行为观察和技战术观测等方式记录学生在练习、活动和比赛中运用技战术的情况，经过一段时间的学习后再进行观测，前后之间进行对比与评价，这种评价就是相对性评价。

（3）诊断性评价、形成性评价和终结性评价

诊断性评价一般是指在某项学习活动开始之前，为了解学生的体育认识、体能、运动技术、体育情感等方面进行的摸底式评价。诊断性评价的优点是能清晰判断学生是否具备实现当前教学目标所要求的条件，为因材施教提供依据。如教师在排球教学前对学生的排球运动认知情况进行评价，进而设计学习活动，这种评价就是诊断性评价。

形成性评价一般是指在某项学习活动的过程中，为使学习活动效果更有效而进行的评价。形成性评价的优点是能及时地了解现阶段学生的体育学科核心素养进展情况、存在的问题等，为有效教学提供依据。如教师在一段时间的排球教学后对学生排球运动技术进行评价，了解学生运动技术掌握现状，进而适时调整教学进度，这种评价就是形成性评价。

终结性评价一般是指在学习活动结束时，为了解学习活动的最终效果而进行的评价。终结性评价的优点是能全面检验学生经历学习活动后其体育学科核心素养形成的情况，为评定成绩提供依据。如教师学期结束时对学生的速度、力量、灵敏性、协调性、平衡和反

应等进行测试，评价学生与动作技能有关的体能，这种评价就是终结性评价。

（二）核心素养导向的体育教学评价设计

1. 体育教学评价设计的概念

体育教学评价设计是体育教师依据体育与健康学科核心素养，设置适宜的评价维度，确定合理的评价内容和观测点，选择科学的评价主体、方式与工具，对课堂教学进行评价的一种设计活动。主要是对"为什么评""评什么""谁来评""怎么评""用什么评"等问题进行考虑并作出回答的过程。

2. 体育教学评价设计的原则

（1）体育教学评价整体性原则

整体性原则是指课堂教学评价要依据学科核心素养目标维度，从运动能力、健康行为和体育品德的整体性入手，并明确教学目标结构，从多维目标进行针对性评价，呈现出指向学科核心素养的整体观。另外，体育教学评价要体现结构化，不能为了评价而评价，要通过评价激发学生思维，引导学生实现学科内知识间的相互贯通与渗透。

（2）体育教学评价客观性原则

客观性原则是指整个评价方案的制订需要有明确、具体、一致的评价标准，需要有严密、合理、有针对性的评价方法和评价步骤，要围绕学科核心素养导向的教学目标而展开，减少评价者的主观性判断，避免出现评价中的类群现象。而且评价者也应树立公正公平的态度，平等对待每一位评价对象，不能掺入个人主观感情，特别是学生之间的评价，教师一定要讲清楚具体的评价内容和要求。

（3）体育教学评价发展性原则

发展性原则是指在进行教学评价设计时要明确评价的作用，要将教学评价作为反馈—矫正系统，判断每个学习活动是否有效。当出现无效活动时，要及时调整教学计划，保证课堂教学的有效性与发展性，而且要注重评价对学生的鼓励作用。教学评价是手段而不是目的，教学评价应关注学生的长期发展，评价后要思考学生学到什么、学到什么程度、如何学习等问题，另外也应该关注每个学生的全面发展。标准的制订要充分考虑学生的差异性，清楚地了解每个学生的体育基础、课堂表现、进步幅度等情况。

（4）体育教学评价多样性原则

多样性原则是指教学评价的内容、评价的主体与评价的手段都要体现多样化。教学评价的维度要多样，不能只关注某个容易评价的点，如单元教学评价的评价维度应包括运动能力、健康行为和体育品德三个方面。教学评价的主体要多样，不能完全是教师单向的评价，应该发挥学生互评的重要作用。教学评价的手段要多样，定性与定量评价相结合，绝对与相对评价相结合，诊断性、形成性和终结性评价相结合。此外，还可以借助信息技术手段帮助教学评价的开展。

（5）体育教学评价指导性原则

指导性原则是指教学评价需要以充实的评价资料做基础，要明确每项评价内容的构成、适用的评价方式和评价主体，这样评价才具有可信度和有效性，而且要充分发挥教学评价对教学的导向作用。教学评价结果一定要及时反馈给学生，教学指导建议应有启发性，并注重师生的自我反思及师生之间的合作交流。

3. 体育教学评价设计的要素

核心素养导向的体育教学评价设计主要包含评价目标、内容、主体、方式、工具五个基本要素。

评价目标回答"为什么评"的问题，主要是了解学生在学习活动过程中或者经历学习活动后，其在体育认知、运动技能、体能、体育情感四个方面的形成情况，并分析、判断存在的困难和不足，促进其体育学科核心素养的形成。

评价内容回答"评什么"的问题，主要是根据教学目标确定评价内容。如评价学生的体育认知目标，一定要明白体育认知包括运动认知与健康认知，运动认知从运动项目的裁判知识与规则、科学从事体育运动的方法、运动技战术的理解三个方面进行评价；健康认知从认识体育锻炼对于健康的重要性、参与体育学习和课外体育活动等方面进行评价。这样一来，关于学生体育认知的评价就具体、清晰、有针对性。

评价主体回答"谁来评"的问题，主要包括体育教师、学生和其他人员，其他人员包括同行专家、家长、班主任等。如运动认知的评价主要以教师为主，健康认知的评价主要是以学生自评为主。

评价方式回答"怎么评"的问题，体育教学评价方式的选择一定要遵循体育学科的特点，围绕具体的评价内容选择操作简便、切实可行的方式。如运动认知的评价可采用试卷测验、口头测试等方式，健康认知的评价可采用行为观察、问卷调查等方式。

评价工具回答"用什么评"的问题，体育教师可以借助试卷、心理量表、电子产品（智能手表、心率监测仪、计步器、步态分析仪、体感设备）等，也可根据教学内容与学生的实际情况，自行设计可以真实反映学生学习情况的工具。如运动认知的评价可采用试卷等工具，健康认知的评价可采用问卷、量表等工具。

4. 体育教学评价设计的方法

（1）单元教学评价设计的方法

第一，单元教学评价设计紧紧围绕体育与健康学科核心素养展开，体现体育与健康学科核心素养的关注点，因此评价维度应包括运动能力、健康行为和体育品德三个方面。第二，评价内容和评价观察点的选择要从本单元的整体教学着手，经过分析本单元的教学指导思想、教学内容、运动项目特点和学生身心特点等，提炼出可以真实、完整地反映学生学习成果的评价观测点。第三，评价方式的选择要依据评价内容和观察点，选择操作简便、切实可行的方式。

（2）课时教学评价设计的方法

第一，课时教学评价设计是学科核心素养和单元教学评价设计的具体化，应围绕课时教学目标展开，体育课的教学目标包括体育认知、运动技能、体能和体育情感四个方面，因此，体育课时教学评价的目标也应围绕这四个方面进行。第二，在进行评价内容和评价观测点的选择时一定要落实到本节课，要根据本节课的教学内容和重难点有所侧重，每个评价目标可以选择 1~2 个评价内容，再根据评价内容选择相应的评价观察点。第三，评价主体的选择要最直接、最客观地反映评价观测点。第四，评价方式与评价工具的选择应与评价观测点一一对应，要选择具有较高信效度的工具，另外教师要利用信息技术进行评价，真正实现为教学所用。

七、体育与健康教学资源设计

如果没有教学资源的支持，再好的教学改革设想也很难变成实际的教学成果，教学资源的丰富程度会影响教学目标的实现水平。因此，正确理解体育教学资源的性质，认识体育教学资源设计的功能和原则，把握体育教学资源设计的方法，是体育教师迫切需要解决的问题。

（一）体育教学资源概述

体育教学资源是开展教学的必备条件，体育教师要根据教学目标、学习内容的特点，学生的身心特征、兴趣爱好、个体差异等配置适合的资源，提升教学的有效性。

1. 体育教学资源的定义

教学资源是为教学的有效开展提供的各种可被利用的素材条件。广义的体育教学资源是指为了促进学生身心健康发展，掌握体育基本知识和运动技能，为了体育教学的有效开展提供的各种可以利用的条件和要素，包括与体育活动密切关联的人、财、物，一切为体育教学服务的资源的总称。狭义的体育教学资源包括场地器材、体育教学设施、教材设备、体育经费、体育资料、时空资源等。

2. 体育教学资源的分类

（1）人力资源

人力资源包括校内领导、班主任、体育老师、卫生老师、任课老师、学生以及校外家长、教练、社会体育爱好者。在教学资源设计的过程中要充分开发和利用他们自身的优势和体育特长，创设平台，引导他们参与学校体育教学和体育活动。

（2）教学内容资源

教学内容资源是教学的载体，包括运动项目知识、运动技能、体能、健康知识等内容。运动项目知识包括项目起源、发展、规则、裁判法、比赛欣赏与组织方法等内容。

运动技能包括运动技术、战术、练习方法等内容。体能包括体能发展原理、练习方法、评价方法等内容。健康知识包括健康管理、心理调解、营养卫生、疾病预防、运动损伤预防和处理等内容。

（3）场地器材资源

体育教学中可利用的场地器材资源非常丰富。常用的场地有操场、球场、跑道、空地、教室、公园、健身乐园、走廊、过道等；可利用的常规器材有篮球架、足球门、单杠、双杠、天梯、滑梯、爬杆、领操台、乒乓球台、篮球、排球、足球、乒乓球、垒球、实心球、体操垫、体操棒、跨栏架、短绳、橡皮筋、毽子、小哑铃、小沙包、小旗、塑料圈等；可利用的自制器材有胶圈、胶棒、纸球、纸棒、纸制器材、饮料瓶、易拉罐、泡沫拼花地板、小木夹、彩带、双色帽、课桌凳、家庭生活用品等。

（4）信息数字资源

信息数字资源运用到体育教学中已成为教学发展的必然趋势。常见的信息数字资源分为网络资源和多媒体资源。网络资源包括网络上海量的图片、动画、视频音频等素材，包括教材、教案、文章等文本资源，还包括网站、公众号、订阅号等信息平台。

多媒体资源包括PPT课件、播放设备、智能手机、平板电脑、运动穿戴设备等能为教学提供帮助的媒体。

（5）自然环境资源

我国幅员辽阔，地域宽广，地形、地貌千姿百态，季节气候气象万千，蕴藏着丰富的体育教学资源，核心素养导向的体育教学资源设计应重视开发和利用自然资源。如春（秋）游、远足、爬山、散步、定向活动、无线电测向运动、自行车慢骑、游戏、日光浴、游泳、打雪仗、滚雪球、堆雪人等。此外，还要重视利用周边社区和家庭体育等环境资源，如家庭爬山、打球、亲子活动、社区竞赛、青少年活动中心培训、少体校训练、体育俱乐部、兴趣班活动以及各种节假日的体育活动和比赛等，为体育教育、教学和课程改革提供支持，实现学校自身体育教育、教学和课程改革与发展的良性循环。

（二）核心素养导向的体育教学资源设计

1. 体育教学资源设计的概念

体育教学资源设计是为了达成体育教学目标，而选择、开发和运用体育教学条件与要素的过程。设计体育教学资源时要充分发挥资源的动作演示、情境创设、兴趣激发、引领练习、学习评价、负荷监测、视野拓展、知识补充等功能，帮助学生掌握体育知识和运动技能，增进身心健康，促使学生积极参加体育活动，养成体育学科核心素养。

2. 体育教学资源设计的功能

核心素养导向的体育教学资源设计不仅能够促进体育教学目标的达成，还能更好地促进教师素质的提高和学生学习能力的发展。教学资源是体育与健康教学的重要组成部分，其丰富性和适切性程度最终决定了教学目标的实现水平。同时，教学资源的开发和利用对于转变教学方式及改善学习方式具有重要意义。比如，翻转课堂、对分课堂等新的体育教学形式。对教师来说，可以开阔教学视野，转变教学观念，更好地激发教师的创造性智慧，让教学"活起来"；对于学生来说，可以改变学生在教学中的地位，使他们从被动的知识技能接受者转变成知识技能的共同构建者，从而激发学生的学练积极性和主动性，为开展自主学习、合作学习和探究学习提供支撑。

3. 体育教学资源设计的原则

核心素养导向的教学资源设计应围绕教学重点展开，所有的教学资源的选择和设计，都是为了达成教学目标，解决教学问题。因此，要充分利用现有的显性体育资源，挖掘潜在的隐性体育资源，体现教学性、适切性、互动性和多样性的原则。

（1）教学性原则

在使用各种教学资源时，要把教学资源和教学内容有机结合，以利于教学目标更好达成。例如，在数字资源的设计过程中，可能会有众多相关的媒体教学资源，教师在选择资源类型时，应围绕完成本次课的教学目标和解决教学重点进行筛选。例如，学习挺身式跳远的挺身技术动作，就要选择与挺身技术相关的示范性较强的数字资源，激发学生学习兴趣，形成正确的技术动作概念，充分体现数字资源的优势和实效。

（2）适切性原则

在设计教学资源时，要从实际出发，因地制宜，创造性地利用现有体育资源，科学地开发和优化体育资源，设计科学恰当的体育资源。例如，自制教具、创新器材、改造器材等，在课堂教学中充分利用体育资源，不断地加以调整、改进和完善，同时合理利用生成性体育资源。

（3）互动性原则

在选择教学资源时，要注重学生的互动性，激发学生学习兴趣。例如，在足球的运球突破教学中，学生利用手机拍摄记录运球突破的过程，利用数字资源通过 VUE 软件和屏幕镜像，在大屏幕上观看自己或同伴间运球突破的动作技术；还可以利用慢放、静止、回放等功能，帮助对动作技术进行自评或互评，实现课堂教学及时、有效的互动。

（4）多样性原则

在体育教学中，教师应根据学习内容的特点，学生的身心特征、兴趣爱好、个体差异等选择多种体育资源，并对已有的资源进行梳理盘点，认真分析实现单元教学目标的各项资源的性质和特点，保证开发和利用资源的多样性。

4. 体育教学资源设计的方法

基于已经设计完成的教学目标、学习活动来选取合适的教学资源，有助于完成相应的教学目标。教学资源设计主要包括分析教学需求、配备教学资源、合理运用资源三个部分。

（1）分析教学需求

教学需求分析需要依据教学目标，立足于教材和学情，探寻针对性的问题解决方案。分析教学需求时，首要问题是关注教学目标，以目标为导向，选择有效的教学资源。如进行翻转课堂教学时，根据教学设计中的教学目标，梳理出运动技能发展目标、体能发展目标和体育品德发展目标的培养内容，设计课前学习任务单，选择合适的、针对性强的教学资源，辅助学生课前自学，提升课堂教学品质。

（2）配备教学资源

在教学资源需求分析的基础上，判断可能需要的资源条件，可以是现有资源，也可以改造和开发资源，还可以既包含现有资源，也包含改造或开发的组合资源；对教学所要使用的资源进行整体设计，为学生的学习活动提供适切的资源体系，为资源运用做好铺垫。此外，匹配教学资源应考虑的问题有：如何选择和优化教学资源，资源是否有效开发了现有场地和器材功能，资源的加工、重组是否能支持教学活动的有效开展，以及资源内容是否具有科学性和可操作性。

（3）合理运用资源

合理运用资源是指利用已经设计的资源，明确资源对应的学习活动环节、使用时机、使用方式、对应目标和拟解决问题等，将资源合理融入教学过程。在运用教学资源时应考虑资源设计是否操作简便，资源的使用与教师的讲解示范如何实现功能互补。在学生分组练习或者自主练习时，用电子设备将个别学生的动作投影到大屏幕上，与示范动作视频对比，加深学生对正确动作技术的理解；耐力跑练习时，我们可以选择合适的校园资源，设计定向跑，以任务驱动的方式组织学生练习，发展耐力素质；垫上练习时，教师利用垫子设计各种各样的路线，融入跑、钻、跳、爬等元素，培养学生勇敢、果敢、积极进取的品质。

第二节　健康体育与体能教学设计

一、健康教育教学设计

（一）课的设计

1. 指导思想

设计思路紧扣"健康第一"的指导思想。以学生发展为中心，从课程设计到学习内容的各个环节，始终把学生的主动、全面发展放在主要地位，力求帮助学生正确认知自己在平时生活中的情绪状况，能主动利用各种体育锻炼调节情绪，从而促进学生的健康发展。

2. 相关分析

从学生心理健康入手，介绍学生养成合理调控情绪习惯的重要性，着重对调控情绪的方法进行介绍，可以较好地引导学生了解情绪与健康的关系。

学情分析：学生的情绪、情感具有明显的冲动性。表现在行为上，容易激动、感情用事。比如，在体育比赛过程中，他们可能会因为一些肢体接触大打出手，有时甚至出现成人难以理解的荒唐行为。他们之所以这样，是因为正处于青春发育的高峰期，性腺开始剧烈活动，此时，中枢神经系统中主管性腺活动和主管情绪的皮下中枢的活动强烈，致使大脑皮层对其控制的力量减弱，这样必然出现情绪脱离理智控制的现象，再加上他们的意志力发展相对不足，所以就很容易冲动，不能较好地控制自己的情绪。

3. 主要教学策略

①设问激疑。为吸引学习的注意力，采用学生日常生活中常见的例子，并通过"设疑引思""利用多媒体"等方法引出"情绪"一词，切入新课，吸引学生学习兴趣，激发学生的参与热情。

②故事引入。案例讲解分析法：利用多媒体展示一则寓言故事，引发学生思考。通过讨论，各抒己见，共同探讨，加深对所学知识的理解，培养学生分析问题、解决问题的能力。

③自我评价。通过学生的自我测试，了解自己的情绪状态，激发学生学习兴趣。

(二) 课时计划

1. 课时计划教学内容

体育锻炼对情绪调控的作用以及调控情绪的方法。

2. 课时计划目标

①了解情绪与健康的关系，学会合理调控情绪的方法，知道体育锻炼对情绪调节的作用。

②了解并掌握几种常见的通过运动调控情绪的方法。

③能保持积极、乐观、向上的情绪状态；尊重他人，关注他人的感受，适时适当地表达个人情绪，保持良好的心理状态。

3. 课时计划重难点

重点：了解自己平时生活中的情绪状况，知道通过运动调控情绪的方法。

难点：理解消极情绪心理过程，掌握和运用通过体育运动调控情绪的方法。

4. 课时计划教学过程

首先，教师利用多媒体手段导入新课，内容最好来自学生的日常生活、熟悉的人和事，能很快地激起学生的学习兴趣，为后续学习做铺垫。教师在多媒体中展示 QQ 或微信表情，让学生观察后分别说出各表情所代表的情绪。

教师根据学生回答进行总结，有四大基本情绪：快乐、愤怒、恐惧、悲哀。

5. 课时结束时总结

教师可以通过在课时设计中引入的案例，让学生在真实情景中感受与体验情绪带来的影响，然后借此来引导学生运动调控情绪的方法与特点。

（1）情绪的特点

躯体健康与情绪健康是紧密相关的，负性情绪可诱发身体疾病，而良性情绪有助于改善躯体的健康状况。

情绪健康的人的特点：能够完成大量的工作，能够关心别人，能妥善地处理各种压力，能够理解和适应现实并用建设性的态度面对现实。

情绪健康不是静止的，而是一个动态的过程。情绪健康者常处于情绪良好的状态，当然，也会出现情绪不良的时候，但情绪健康者能够以积极的态度去处理和调适负性情绪，避免产生挫折感，避免走向极端。因而情绪健康能保证人们以饱满的情绪享受生活的快乐。

（2）情绪调控的作用

①转移注意状态。由于学业竞争和身心的发展，学生经常会产生烦恼和忧愁，而体育

活动具有使人忘却这些不愉快的事情的功能以及分散对忧虑和挫折的注意，从消极的体验中摆脱出来的作用。例如，健美操、健身舞等项目，可以使锻炼者进入自由联想状态，从中体验愉快感和满足感；太极拳、长跑、乒乓球、羽毛球等项目可以调节神经系统，增强自我调控能力，使注意状态发生转移，从而稳定情绪。

②宣泄消极情绪。日常学习和生活中难免会产生各种不良情绪，如果不采取适当的方法加以宣泄，就会对身心产生消极的影响。体育活动具有替代作用，是释放消极情绪的安全通道，通过适当的运动，可以释放内心的郁闷，减弱或消除不愉快的情绪，降低由于应激生活事件所导致的内心紧张状态，保持心理平衡。例如，采用短距离冲刺跑、排球的扣球、足球的快速运球射门、连续快速的俯卧撑或仰卧起坐等练习，拳击或脚踢沙袋、长跑、成套的武术演练、登山等，均可宣泄情绪，但不要进行与同学有直接身体对抗的项目以及攀岩等危险项目的练习。

③提高自我效能。体育活动可以使学生获得控制感、竞争感、成功感，从而提高自我效能感，诱发积极的思维和情感，对抑郁、焦虑和其他消极情绪具有积极作用。选择动作易于掌握、运动量易于控制的体育活动，如健美操、武术、游泳、长跑等项目，有助于学生获得成功感，提高自我效能感，从而改善情绪。

④增强活动胜任感。学生成功地完成任务后，就会产生"我能行"的自信心、积极的情绪体验和再次尝试的欲望。因此，进行自己感兴趣、擅长的运动项目的练习，可以产生积极的情绪体验，从而改善情绪状态。

⑤促进社会交往。在体育活动和赛场上，人们通常会情不自禁地通过拥抱、拍肩膀、击掌、握手、欣赏的眼神来表达友好。例如，在足球、篮球、排球等集体性项目的锻炼中，通过多种方式表达友好之情，从而增进同学间的交往，增进相互间的友谊。因此，积极参与集体性项目的锻炼，可以调节人际关系，从而起到改善情绪状态的作用。

（3）调控情绪的方法

①自我鼓励法。用生活的哲理或明智的思想来安慰自己，鼓励自己同痛苦和逆境进行斗争，就会感到有力量，就能在痛苦中振作起来。

②语言调节法。利用语言影响情绪。如在床边写上"制怒""冷静"等条幅，也可用自我命令、自我暗示等方法抑制情绪反应。

③注意转移法。把注意力从消极的情绪转移到有意义的方面，最好倾心于学习和工作，以取得的成就来冲淡苦闷与烦恼，或参加文体活动，转移自己的注意力，并使自己的精神有所寄托。

④能量发泄法。通过适当途径排遣和宣泄不良情绪，以释放积聚的能量，调整机体平衡。许多人在痛哭一场以后就减少了许多痛苦和悲伤。

⑤环境调节法。遇不良情绪时离开所在环境到大自然中去，能旷达胸怀，愉悦身心，对调节心理活动有很好的效果。

二、体能：健康体适能教学设计

（一）单元教学计划的设计

坚持以"健康第一"为指导思想，着重发展学生的核心素养。在单元教学设计中，结合游戏和比赛、音乐和韵律运动来提高学生参与健康体适能练习的积极性。在实施过程中，注重对学生进行因材施教、区别对待。尤其要创设有利于学生积极练习的活动情境，使学生体验运动的成功感，增强学练的自信心，提高自身的体能水平。

体能模块是体育与健康课程的必修必学部分。良好的体能是人体健康的基础，也是学生进行运动技能学习的必备条件。在健康体适能单元设计中，包括四个部分内容：分别是使学生掌握各种体能发展的基本原理和练习方法、促进学生体能的全面协调发展、使学生掌握制订体能锻炼计划的程序与方法，以及让学生学会有效控制体重与改善体形的方法。在教学中，要灵活运用各种教学器材，营造新颖有趣的练习场景，让学生爱上体能锻炼。

①利用多种练习方法和手段以及教学内容的不同组合，使学生的体能得到更全面的发展。

②利用多媒体分享有关体能训练的网站资源，同时利用视频回放的功能让学生知道练习存在的不足，改进其练习动作。

③设置不同主题的情境，如运动会情境、长征情境等，吸引学生参与学练，获得学习体验。

④围绕单元核心问题进行设计，每节课的准备部分向学生进行提问，让学生带着问题练习，注重培养学生的探究能力及反思精神。

（二）体能课的设计

1. 体能教学的指导思想

贯彻"健康第一"的指导思想，着重培养学生的体育学科核心素养。结合学校实际情况，立足学生的学情特点，关注学生的性别差异和个体差异，充分利用器材的多种功能和作用，创设内容丰富、形式多样的体育课堂，使学生爱上体能课，在练习中相互协作，共同完成教师布置的学习任务，增强学生对体能重要性的认知，提高学生的体能水平和学科核心素养。

2. 体能教学分析

体能是体育与健康课程必修内容之一。体能课时的设计主要是发展学生的健康体适能，包括心肺耐力、速度、肌肉耐力和肌肉力量等，同时在课程标准的指导下，注重培养学生的综合能力，并创设了长征情境来提高学生学练的兴趣，培养学生的爱国情怀。在发展学生体能的同时，也给学生传授一些发展体能的基本原理和方法，引导学生课后自觉、主动地进行锻炼，使学生从学习体育到学会体育。

3. 体能教学主要策略

①在课中融入长征的元素，创设长征情境。用拉练跑取代了传统的热身跑，使学生从准备部分就进入教师课前精心设计的长征情境。培养学生的爱国主义情怀，让学生"穿越"到长征的历史中，感觉到体能课的趣味所在。

②引入小组合作与分组竞赛的环节。在不同场景的练习中，教师注意激发学生的竞争意识，同时让他们学会与组员合作。只有与组员合作，每个人做好自己负责的练习部分，所在小组才能获胜。在这个环节中，既让学生学会与他人合作，培养他们团结协作的能力，也让他们学会竞争，只有竞争才能成长。

③采用分组循环练习。发展学生的体能水平，需要保证一定的运动强度和运动密度，在练习内容设置中，采用分组循环练习的方法，学生在一个练习点练习6分钟后进行组与组之间的轮换，既减少排队和等待的时间，又使整节课的练习效果更佳。

第三章 体育课程教学目标与内容

第一节 体育课程与教学目标

体育课程与教学目标是体育教学理论中的核心内容之一。集中体现了人们对体育课程开发与体育教学设计中的教育价值的理解，是教育目的在体育课程中的具体化。体育课程与教学目标规定着课程编制的方向，决定着课程内容的选择和组织，也是课程实施和评价的依据。体育教学目标是体育课程目标的进一步具体化，体育教学目标通常在单元教学方案或课时教学方案中按照目标结构的方面分项陈述。

一、体育课程与教学目标概述

（一）体育课程目标与体育教学目标的意义

体育课程目标和体育教学目标是体育课程和体育教学理论与实践中非常重要的问题。课程目标是对学生通过课程学习所要达到的预期学习结果的陈述，它一般是由国家的课程标准或课程指导纲要明确规定的。体育课程目标是指在一定的教育阶段，体育课程力图促进学生身心发展所要达到的预期程度或标准。标准功能是体育课程目标的主要功能，是指体育课程目标对体育课程的检查、评估产生的标准作用。具体而言，体育课程目标有以下主要作用。

第一，为体育课程内容和体育教学方法的选择提供依据。判断"什么知识最有价值"和"什么方法最有价值"，界定了课程的内容范围，均应以课程目标为重要依据。

第二，为体育课程与教学活动的组织提供依据。把体育课程组织成什么样的类型，把体育教学组织成什么样的形式，在某种意义上取决于体育课程的目标。体育课程目标决定了课程的性质和类型，也决定着教与学的组织形式。

第三，为体育课程实施提供依据。体育课程的实施过程就是实现体育课程目标的过程，因此，体育课程目标对体育课程的实施起着导向和激励作用，影响着教与学的方法与策略。

第四，为体育课程评价提供依据。评价什么以及如何评价都要以体育课程目标为具体依据，构成对课程和教学进行价值判断的基本标准。

体育课程目标指向的是体育学习中不同方面的"一般反应模式"，体育教学目标则指向体育教学过程中的具体行为方式。体育教学目标来源于体育课程目标，是预期的学生学习结果或学习活动预期应达到的标准。体育教学目标是指体育教学活动主体预先确定的、在具体体育教学活动中所要达到的、利用现有技术手段可以测量的教学结果。需要强调的是，这个预期结果与标准是教和学双方都应共同遵循的，对教师来说是教授的目标，对学生来说则是学习的目标。体育教学目标是课程目标的进一步具体化，并由教师根据有关教育法规、《课程标准》和各方面实际情况制订，是指导教学活动设计、实施和评价的基本依据，对教学活动具有导向、指引、操作、调控、测评等功能。教学目标通常在"单元"或"课"的教学计划（方案）中按照课程目标方面分别陈述。

与课程目标一样，体育教学目标也是一定教育观念在体育教学方面的体现，因而它们总是表现出一定的价值取向。这种价值取向既可能体现在整个体育教学目标体系中，也可能表现为某一具体教学目标的价值倾向。从理论上认识体育教学目标的基本价值取向，将有助于更好地制订体育教学目标。

二、体育课程目标与体育教学目标的关系

在学校具体的教育实践中，课程和教学是学校教育的两个重要组成部分，也是不可分割的两个部分。而在学校教育目标体系中，体育课程目标与体育教学目标联系最为密切，正因为如此，有人把二者混为一谈。但是，体育课程目标与体育教学目标并不是相同的，它们之间既有联系，又有区别。

（一）体育课程目标和体育教学目标的联系

第一，相对于各级各类学校培养目标和学校体育目标而言，体育课程目标和体育教学目标都是子目标，它们共同为达成学校培养目标和学校体育目标发挥着各自的作用；与此同时，体育教学目标的制订与体育课程目标的制订都必须以学校培养目标和学校体育目标为依据。

第二，体育课程目标与体育教学目标之间有着纵、横两个方面的联系。从纵的联系来看，体育教学目标是体育课程目标的子目标。换言之，体育课程目标的实现有赖于体育教学目标的实现，或者说体育课程目标是确定体育教学目标的重要依据；从横的联系来看，体育课程目标所涉及的方面，在体育教学目标中也应该体现。

第三，体育课程目标和体育教学目标之间有一个衔接点，这个衔接点就是体育课程的水平目标和体育教学的学年教学目标。体育课程的水平目标是确定学年体育教学目标的直接依据，它们之间应该是一致的。学年体育教学目标实现了，体育课程的水平目标也就实现了。

（二）体育课程目标与体育教学目标的区别

体育课程目标和体育教学目标是有区别的。从目标的性质来比较的话，会发现二者之间有很大区别。体育课程目标针对的是整个体育课程，着眼于学生的整个学习过程、学习阶段以及学习方面，是宏观的、远景的、粗线条的，且具有相对的稳定性；而体育教学目标针对的是一个学年（或学期）、一个单元、一堂体育课的具体教学情境，是微观的、现实的、具体的，具有相对的灵活性，确定后可以根据教学的具体情况进行调整。

（三）体育教学目标的特点和功能

1. 体育教学目标的特点

第一，体育教学目标是教与学双方合作实现的共同目标，对体育教师而言是教授目标，对学生来说是学习目标；但是，体育教学目标表现为体育教师教学活动所引起的学生终结行为的变化，即教而落教于学。

第二，体育教学目标是体育教学活动预期的结果。这种预期的结果存在于体育教学实践活动之前，有效的教学始于教师知道希望达到的目标是什么。也就是说，在教学活动之前，预见到体育教学活动可能促使学生在掌握体育知识、技能、方法以及身心发展等方面发生哪些变化。预期要达到的目标是否科学、具体、明确，直接影响到体育教学活动的成效，是人们对体育教学活动结果主观上的一种期望。

第三，体育教学目标是通过体育教学活动可以达到的结果。相对于学校体育目标和体育课程目标而言，体育教学目标符合学校、班级、学生以及体育教师的实际与特点。

第四，横向上，对照不同的学习方面将有不同的体育教学目标，各目标相互独立又彼此呼应；纵向上，体育教学目标又是由学年（学期）教学目标、单元教学目标和课时教学目标构成，各目标之间层级分明、连续递增。下位目标是上位目标的具体化，上位目标是在下位目标达成的基础上才能最终实现。于是，体育教学目标呈现出一个纵横交错、相互衔接的有机整体。

第五，体育教学目标最终要落实到师生具体的体育教学活动中，因此，只有在目标中详细说明学生在什么条件下，应该做什么，做到什么程度，才能为体育教学活动的具体操作提供导向，也才能为体育教学评价提供可测量标准。换言之，体育教学目标必须具体、可行，体育教学目标具有可测性。体育教师的教和学生的学的结果，以通过一定的方法与手段进行测量和客观评价，才具有应用的价值。

第六，体育教学目标应根据确切的教学内容、具体的教学条件、学生的学习特点、课时分配等因素综合制订，这就要求教师必须因校、因课、因班制宜，依具体教学实际编制，内容和水平应有一定弹性，以便灵活掌握。灵活性的教学目标对于更好地适应学生的身心特点，使其通过教学目标的实现而获得相应的身心方面的发展，具有不容忽视的重要意义。

2. 体育教学目标的功能

（1）激励功能

目标反映了人的愿望和努力方向，当明确的目标意识延伸到人的行为领域，并同行为相联系的时候，则形成动机和动力源泉。虽然体育教学目标并不完全是由任课教师和上课学生群体制订的，但合理的体育教学目标必定充分反映着教师的努力方向和学生的学习愿望。目标设置理论认为，目标本身具激励作用，目标能把人的需要转化成动机，使人们的行为朝向一个方向努力，并将自己行为的结果与既定的目标相对照，及时进行调整和修正，从而能实现目标。因此，科学合理的体育教学目标必定可以指引教师的工作，必定可以激励学生的学习。体育教学目标激发动机功能的真正实现，也取决于其价值是否被学生认同及其难易程度是否适中。体育教学目标的价值要想被学生认同，就必须与学生的内部需要相一致。只有体育教学目标符合学生的内部需要，才能够激发学生的动机，引起学生的兴趣，转化为学生积极参与体育教学活动的动力。所以，明确、具体而切实可行的教学目标可以激励学生努力地学习。

（2）定向功能

既然体育教学目标是体育教学活动的预期结果，那么必然要制约着体育教学设计的方向，为体育教学过程提供指导。体育教学设计是为实现预期的体育教学目标制订的策略，教师和学生对方法、手段及教学组织形式的选择，场地、器材的使用，教学情境的创设，等等，都要以体育教学目标为依据，并指向于一定目标的达成。因此，体育教学目标是"的"，体育教学设计是"矢"。只有有了明确的体育教学目标，体育教学设计方能切实有效。明确的体育教学目标，还可以为体育教学中的师生活动指明方向，从而避免教学中的盲目性。这一功能主要是通过影响人的注意而实现的。明晰、具体的体育教学目标，将会引导师生的注意专注于与目标有关的因素上，尽量排除无关刺激的干扰，保证目标的顺利实现。一般来说，目标指向正确，产生正向效果；目标指向错误，导致负向效果。因此，教师必须在体育教学一开始，就向学生指明教学目标，并以此来引导学生，保证积极的教学效果。

（3）规约功能

体育教学目标不仅在方向上对体育教学起着指导作用，而且在具体的步骤和方法上也具有规约的作用。体育教学目标预先规定了体育教学的大致进程，体育教学的展开过程就是体育教学目标得以实现的过程。因此，清晰的体育教学目标有利于体育教师对教学活动的控制，有利于提高体育教学设计的预见性和科学性。

（4）衔接功能

如果制定好每一个阶段的体育教学目标，就可以保证阶段体育教学目标的总和等于总的体育教学目标，那么就意味着总的教学目标可以顺利完成；反之，如果制定错了阶段体育教学目标，就使得阶段体育教学目标的总和不能等于总的体育教学目标，那么就意味着总的教学目标没有完成。因此，正确地制定好各个层次的教学目标，层层目标衔接，是最终实现总目标的可靠保证。

（5）检验功能

体育教学目标是个到达点，是个标志，因此其本身就是很鲜明的和可判断的标准，阶段性目标的达成与否，是在教学过程中进行体育教学质量评价的标准；而总目标的达成与否，就是在教学过程终结时进行体育教学质量检验的标准。所以体育教学目标确定之后，是否达成既定目标就成为测评教学效果的尺度和标准。在体育教学中，教学效果的检测和评价，就是以体育教学目标为依据，用客观的信息来显示教学效果是否达到或在何种程度上达到了既定的目标。因此，进行科学的评价首先要提供可行、可测的体育教学目标。如果缺乏科学、客观的衡量标准，测验的效度、信度、难度、区分度都将失去合理的保障，以此来衡量和检验的教学效果就会导致失误。从这个意义上说，科学、合理的体育教学目标，是科学检验体育教学效果、确定客观评价的基础和标准。

三、体育课程目标的结构

体育课程目标是有层次结构的，不同的层次结构发挥着不同的功能。对于同一层次的目标而言，还存在着不同学习方面和学习水平的区分。

（一）体育课程目标的纵向层次

体育课程目标在垂直向度上，具有层次性、线性、累积性的特点，包含了特殊性的至一般性的、切近的至高远的、现实的至理想的一系列目标。有的学者认为，根据课程目标的上下层次关系，可以依次将课程目标区分为以下不同的层次：课程的总体目标——教育目的；课程的总体目标的具体化——培养目标；学科领域的课程目标；学科领域的课程目标的具体化——教学目标。也有学者认为，体育课程目标的层次可分为体育课程的总目标、体育课程的学习领域目标、体育课程的水平目标和体育教学目标。体育课程目标如此按层级排列，像一个金字塔。顶层目标是抽象的、整体的、普遍性的目标；底层目标是具体的、分化的、特殊的课程目标。数目繁多的底层目标逐步达成之后，课程总目标也就得以达成。宏观来说，体育课程目标体系由体育课程的总目标、体育课程的学习方面目标、体育课程的水平目标和体育教学目标四个纵向层次构成。

1. 体育与健康课程的总目标

体育课程的总目标面向某个教育阶段的全体学生，如义务教育、普通高中、高等教育等，是特定教育阶段大多数学生通过自己的努力都能够达成的体育学习目标。通过课程的学习，学生将掌握体育与健康的基础知识、基本技能与方法，增强体能；学会学习和锻炼，发展体育与健康实践和创新能力；体验运动的乐趣和成功，养成体育锻炼的习惯；发展良好的心理品质、合作与交往能力；提高自觉维护健康的意识，基本形成健康的生活方式和积极进取、乐观开朗的人生态度。

2. 体育课程的学习方面目标

学习方面是指在体育课程中，按学习内容性质的不同划分的学习范畴。学习方面目标是指期望各个学习方面达到的相应水平。

3. 体育课程的水平目标

体育课程的水平目标是指不同年龄（学段）学生在各个学习方面中预期达到的相应水平。这是根据学校体育课程目标，对各个学段体育教学结果的不同规定，是各个学段都必须指向的、各自必须完成的目标，体现了根据不同年龄学生身心发展的特点实施体育课程的理念，其目的是为了在一定的阶段内，更好地加大教材内容的弹性，以满足学生、学校的不同特点、条件及实际需要。学段教学目标应体现不同学习阶段体育教学不同的侧重点，因此不同学段的教学目标应既相对独立，又各具特色。同时各学段之间的教学目标又是彼此衔接、相互协调的整体。

4. 体育教学目标

尽管学科领域的课程目标有细化和可操作性的趋势，但仍然是总体性的或阶段性的一般目标。而作为短期的某一教学单元以至某一节体育课，通常称为单元或课的教学目标。实际上它们是学科领域的课程目标的进一步具体化。体育教学目标实际上是体育课程目标的延伸，包含在体育课程目标体系之中，是体育课程目标体系中不可缺少的重要组成部分。体育课程目标尤其是水平目标，是制订体育教学目标的主要依据。课程的教学目标又是单元教学目标的具体化，是最微观层次的课程目标。这一层次的目标通常分析到操作化的程度，往往与具体的情境联系在一起，对体现较抽象的课程目标的结果给予明确的界定，引导教学的展开。就体育教学目标内部而言，按照教学过程的持续时间，体育教学目标的结构分为学年（学期）体育教学目标、单元体育教学目标、课时体育教学目标构成了其基本结构。

（二）体育课程目标的横向关系

课程目标的横向关系实质上反映了各种目标的区分及其相互关系。"目标领域"是指预期学生学习之后所发生变化的内容的领域。像教育目标这一层次上，我国通常用德、智、体或德、智、体、美、劳来划分目标领域。我国横向关系上的体育课程目标分类，是就某一层次的所有课程目标，依其领域的异同加以分类，以作为体育课程设计和开发的依据，其各目标领域之间没有先后层次关系。无论怎样划分目标领域，各领域对总的目标来说都应当具备逻辑上的合理性，它们彼此之间在相互关系上虽然可能是并列或平行的，这样可使得课程目标更加具体、清楚、明确，但它们之间必须是一个相互联系的整体，每个方面都不能脱离其他方面而单独实现课程目标。

（三）体育教学目标的层次

学年（学期）体育教学目标、单元体育教学目标、课时体育教学目标建构了体育教学目标体系的纵向系列，上位目标为下位目标的确立提供依据、下位目标是对上位目标内容的细目化和具体化，并为上位目标的实现提供前提。它们相互呼应、彼此衔接，在体育教学活动中引导着学生的发展方向。

1. 学年（学期）体育教学目标

学年体育教学目标是根据"学段体育教学目标"确定的，是对该学段内每个学年（学期）体育教学活动的分解与不同要求，是在该学年（学期）学习结束时必须得以实现的目标。学年（学期）体育教学目标，在性质上属于计划性的，通常根据体育课程的总目标和水平目标的要求、各个学校的实际、学生的兴趣与爱好及体育课程内容的特点等来制订。该层次的体育教学目标主要是由各个学校的体育教研组或体育教师来编写的，一般出现在学校的体育教学计划中。

2. 单元体育教学目标

单元是指各门课程教学中相对完整的划分单位，反映着课程编制者或教师对一门课程及其概念体系结构的总的看法，以及在此基础上对这种结构按照教育科学的要求，所作的分解和逻辑安排。教师一般按照单元组织教学活动。单元体育教学目标就是依据"年级体育教学目标"和学期教学的分配计划，对安排在每个学年学期中的单元教学的具体要求，单元体育教学目标对指导教师的体育课教学具有重要意义。单元体育教学目标，主要依托各个体育课程内容，如某个运动项目的特性来制订，即不同体育课程内容的不同价值、功能、特点等，决定了其教学目标也是不同的。

3. 课时体育教学目标

课时体育教学目标，也称为体育课堂教学目标，在性质上属于操作性的，是最微观层面的体育教学目标。体育课程目标能否实现，也主要取决于该层次体育教学目标的达成度。课时体育教学目标，是由每堂体育课具体的教学内容以及学生具体的学习特点和需要所决定的，同时还要考虑一堂体育课的具体教学时空情境和条件（或具体的体育教学环境）等因素，其体现在体育教师的教案中。课时体育教学目标是体育教学目标体系中最具灵活性，也最活跃的要素，是一系列体育教学目标得以逐层落实的基础。

体育教学目标是一所学校在确定体育课程的实施方案并制订单元为基础的全年教学计划以后，由任课教师制订的，是教师制订学段体育教学目标、学年（学期）体育教学计划、单元计划和课时计划的根据。在过去，我国较为重视的是课时计划，并把一堂课看作是最基本的教学单位。其实一堂课是最基本的教学单位，却不一定是一个完整的基本教学单位，因为一堂课不能把一个教学系列完整地教给学生，有时只完成其中一部分。只有一个教学单元才能把一个完整的教学系列教给学生。运用大单元进行教学是国外许多体育教学专家所提倡的教学方式，大单元教学它比一般传统的体育课单元时间跨度要长得多，大单元教学一般由15~20节课组成，课时太少就难以达到良好的教学效果。现代教学理论对学生的认知性学习在体育教学中越来越被重视，而作为认知性学习基础的发现式学习法或假说验证式学习法都是一个较长的学习过程。对单元认识的变化也必然改变人们对体育课程内在规律的认识和体育教学过程的研究和改革。因此，单元教学的改革是现阶段我国体育教学改革的重要突破口之一，在改革的新形势下，体育教育者应当更为重视单元教学计划的构建和单元教学目标的制订。

四、体育教学目标的制订

（一）体育教学目标制订的依据与要求

1. 体育教学目标制订的依据

（1）学校体育的主要功能

学校体育的功能影响着体育教学目标维度的确定，体育教学目标的制订，应突出其增强体质、促进身心健康、发展体能的本质功能。同时，也应全面考虑在体育教学本质功能的规定与影响下，体育教学目标所反映的体育教学多种功能的可能性依据，随着对学校体育多向功能的挖掘，教学目标的维度也将趋向多元化。

（2）学校体育目标与体育课程标准

学校体育目标体现了我国的教育、体育有关方针和政策的基本精神，以及国家、社会对学校体育的要求，是制订体育教学目标的重要依据。各级学校体育课程标准，根据学校体育的总目标，制定了各个年级的教学目标和各项教材的教学目标，从而形成了体育教学目标体系，是制订体育教学目标的指令性依据。每一上位目标都是其下位各层次目标的累积，每一下位目标必是其上位目标的细化，因此，制订教学目标时，应以其上位目标，包括学校体育目标为依据。

（3）体育教学内容

体育教学目标的制订必须立足于对教学内容的认真分析，通过对教学内容基本结构与特点的整体把握，分析其中的教育元素，确定教学的重点和难点，为建立体育教学目标奠定基础。

（4）学生的条件

体育教学的对象是学生，体育教学目标必须根据青少年生长发育的不同阶段、不同时期身心发展的特点及其规律，主要包括学生的身心发展规律和已有的学习状态，以及学生对体育的兴趣、态度、需要、学习倾向性等个性因素提出相应的目标。这是制订体育教学目标的生理学和心理学的科学性依据。需要说明的是，目标的制订在考虑学生群体的特征时，还应充分考虑学生个体的差异性，以使每个学生都得到充分的发展。

（5）学校教学条件

教学条件是制约体育教学目标实现的重要因素。在制订体育教学目标时，应考虑到学校现有的物质条件，主要指满足体育教学的场地、器材、设施等。当前，各级各类的学校、城市与乡镇的学校，甚至同一地区的不同学校，条件都千差万别，发展不平衡。为了确保体育教学目标具有可行性，在制订体育教学目标时，必须从实际出发，充分考虑学校的客观条件和可能性与可行性依据，以便使所设计的目标更符合实际，更具可行性。

2. 体育教学目标制订的原则

（1）系统性原则

体育教学目标是由若干个具体目标组成的完整系统，各层次目标之间构成一个有机的网络，它们纵横有序，层次分明。制订任何一种教学目标都不是孤立的，应是一系列教学目标体系中的一个有机组成部分，和其他教学目标之间具有一定的关联性。在纵向上，要体现不同学段、不同学年、不同单元，以及不同课时之间的贯穿性和衔接性；在横向上，不同学习方面的目标之间应相互配合、彼此补充。这样纵横连贯地制订体育教学目标，才能保证体育教学的终极目标及其教育目的的实现和学校体育目标的要求。

（2）科学性原则

体育教学目标的科学性体现在五个方面：要体现体育学科的特点；要全面包括各个学习方面；根据教材的特点，突出重点和难点；具体、明确、可操作；难度要适中，所设立的教学目标应该是全班大多数学生经过一定的努力能够达到的。

（3）灵活性原则

体育教学目标可以由师生根据体育教学实际情况灵活制订，其内容和水平可以有一定的弹性，以便获得最佳成效。体育教学目标的灵活性是由复杂性决定的，同时又为体育教师创造性地开展体育教学工作提供了机会。灵活性的体育教学目标，可以更好地适应学生的学习特点，使其通过体育教学目标的实现而获得身心方面更有利的发展。

（4）可测性原则

体育教学目标是对体育教学过程中学生身心发展状况的明确、具体、恰当的描述，而这种内心发展的状态应是利用现有技术手段可以进行定性或定量测量的，这样的体育教学目标的达成才能进行客观地评价，否则，体育教学目标将失去应有的意义。例如，只是使用"了解""掌握""熟练掌握"等词，缺乏质和量的具体规定性。这样的目标可测性、可比性都较差，就很难准确测量和评价最终的教学效果，也难以指导教师正确选择教学方法、妥善组织教学过程。

（5）发展性原则

体育教学的效果最终要落实并体现到学生的身上。体育教学目标的制订，既要着眼于学生现有的发展水平和学习需要，又要放眼未来，使学生升入下一阶段或将来走向社会健康地成长成才，获得健康完满的生活，并有能力从事终身体育。

3. 体育教学目标制订的要求

（1）反映体育教学的发展趋势，从实际出发，考虑需要与可能

制订体育教学目标要有长远的观点，反映体育教学的发展趋势，这样制订的教学目标才具有导向和激励作用。同时，制订体育教学目标又要从实际出发，全面准确地掌握学校体育教学内部与外部条件及环境，将需要与可能结合起来，才能制定出科学的体育教学目标。

（2）制订体育教学目标要系统把握整体协调与衔接

体育教学目标是一个结构严密、层次分明、排列有序的系统，体育教学目标应具有整体性，注意不同层次和序列体育教学目标的协调与衔接。不仅要设立各类各层具体体育教学目标，而且要使各层各类体育教学目标纵贯横联，形成一个完整和谐的系统，使之较好地体现体育教学目标的系统性、层次性、递阶性和联系性的特点，如小学体育教学目标制订的是否合理，将影响到中学乃至大学。体育教学目标只有形成一个纵横连接的网络系

统，才能充分发挥体育教学目标的系统功能。

（3）体育教学目标的表述力求明确、具体、可量化

体育教学目标必须明确规定教学后所要达到的结果，必须用可观察的、可测量的、具体化的量化指标加以描述。体育教学目标明确、具体、可量化，有利于加强体育教学工作的计划性，为体育教学实施，特别是检查与评价体育教学工作奠定基础。如果体育教学目标的含糊不清，不便理解、把握，势必会影响体育教学内容的选择和体育教学方法的运用以及体育教学策略的制定和体育教学评价。这样体育教学目标作用的发挥受到了限制，从而影响体育教学效果。

（4）体育教学目标必须分解成细致的操作目标

体育教学目标必须分解成细致的操作目标，才可使教学目标的要求落到实处。具体的体育教学目标包括学习目标（母目标）、依据学习目标界定和编写行为目标（子目标）。行为目标是衡量学习目标达成与否的具体目标，学习目标的达成有赖于行为目标的逐一实现。所以，体育教学目标的细目分解直接关系到体育教学效果的优化和体育教学质量的提高，每个体育教师都应该具备细目分解的能力。

（5）体育教学目标要有一定的弹性

体育教学目标受多种因素的影响制约，而诸多因素都在不断变化。保持体育教学目标的稳定性是相对的，而体育教学目标的发展、变化是绝对的。这就要求在制订体育教学目标时，要保持一定的弹性，以便依据实际情况进行必要的修改或调整。

（二）体育教学目标制订的步骤和方法

1. 分析体育教学对象

分析体育教学对象首先要分析学生的学习需要。心理学研究表明，学生发展的内在动力是新的需要与原有水平之间的矛盾。新的需要与原有水平之间的差距，就会推动学生努力去学习，即产生学习的需要。在体育教学目标的制订中，学习需要是一个特定的概念，指有关学习的"目前状况与所期望达到的状况之间的差距"，即学生学习成绩的现状与体育教学目标之间的差距。换言之，学习需要的分析就是分析体育教学中实际存在的问题，重点是分析学生的学习现状。

分析学习需要有内部需要评价和外部需要评价两种方法。通过这两种分析，若发现确实存在差距，也就存在了问题。于是必须对问题的原因及性质作进一步的分析。在此基础上，再进一步分析解决问题的可行性。通过对学习需要的分析，找出体育教学中存在的问题及其原因，据此确定体育教学目标。

此外，还要对学生一般特征、学习风格和学习的知识与能力基础进分析，因为这些因

素也制约着体育教学目标的实现。

2. 分析体育教学内容

要确保体育教学目标的实现，必须有合乎目标的体育教学内容。分析体育教学内容的目的在于确定体育教学内容的范围和深度，以及弄清体育教学内容中各项知识之间的相互关系，以便更好地安排体育教学程序。体育教学内容可分为不同层次，如可将体育教学内容分为课程、单元、项目等层次。分析体育教学内容的步骤是：单元体育学习任务的选择与组织；单元体育教学目标的确定；体育教学任务的分类；体育教学内容的评价；体育教学任务的分析；体育教学内容的进一步评价。

3. 编制体育教学目标

教学目标有多层次，这里说的是体育课堂教学目标的编制。

（1）目标分解

课时体育教学目标之上有体育课程总目标、体育课程学习方面目标、体育课程水平目标、学年体育教学目标和单元体育教学目标等层次。它们自上而下通过不断地具体化，从而形成一个完整的体系。而与体育课堂教学目标关系最紧密的当属单元体育教学目标。首先要明确单元目标的属性，是精学类的单元还是简学类的单元，是开放型的内容还是封闭型的内容。在分解体育课堂教学目标过程中要注意以下问题：一是即目标的整体性，要考虑每次课的目标与课程目标、单元目标的联系；二是同时要考虑目标的灵活性，不能一刀切，要针对不同学生基础制订符合实际的目标；三是目标的层次性，可以参考布卢姆的目标分类理论，体现出体育学习循序渐进的过程；四是目标的可操作性，教学目标应该是可测量、可观察的。

（2）任务分析

单元目标确定后，就可以根据单元目标进行任务分析。这里的任务分析实际上就是指对学习者为了达到单元目标的规定而所需学习的从属知识（技能、能力、态度、情感）以及它们的相互关系进行具体的剖析。根据单元目标来确定课时教学目标时，这种任务分析往往是与单元教学内容结合进行的，所以有的人又把这种任务分析称为教学内容分析。通常的做法是，从已确定的教学目标开始提问和分析，要求学习者获得教学目标规定的能力，他们必须具备哪些次一级的从属能力；而要培养这些次一级的从属能力，又需具备哪些再次一级的从属能力。这种提问和分析一直进行到教学起点为止。单元教学目标可分为认知、情感、技能等类型。单元教学目标的类型不同，据此进行任务分析就具有不同的特点。这样，形成了任务分析的多种方法，如归类分析法、图解分析法、层级分析法等。然后对任务分析的结果进行评价，即对所剖析的从属知识与技能及其相互的联系进行评价，删除与实现单元目标无关的部分，补充可能遗漏的内容。

（3）起点确定

教学目标不是对教师的教学行为的描述，而是指学习者的学习结果。既然如此，要制定出合适的教学目标，就不能忽视对学习者的分析，对学习者的起点能力进行分析，即确定教学的起点。

教学起点的确定，直接关系到教学目标的作用发挥和教学的有效性。教学起点定得太高，则可能导致课时教学目标过高，使教学脱离大多数学生的实际需要，教学目标不但不能发挥其作用，反而有可能带来副作用；教学起点定得太低，则会在学生已掌握的内容上或教学活动上浪费时间和精力。一般说来，确定教学起点，主要应对学习者进行以下三个方面的分析。

第一，分析学习者的社会特征。即对学生的学习习惯、学习方法、成熟程度、班级水平、心智发展水平及对所学内容的态度等都要有所了解。这些因素对教学目标制订的影响有不同的特点，有的是经常起作用的，有的是随着时间、内容的变化而变化的，有的影响大些，有的影响小些。这些都要求教师具体情况具体分析。对学习者社会特征的分析，有经验的教师采用观察、谈话、访问、调查等方法，就可以做出较为准确的估计。

第二，分析学习者的预备技能即了解学习者是否已经掌握了新的学习所需的相关知识和技能，这是进行新的学习的基础。在这里使用"技能—认知结构"一词，是受"认知结构"启发而产生的，技能—认知结构是指个体动作技能与观念的全部内容与组织，更具体地说，就是指个体关于某个体育学习领域的知识、技能与经验的原有基础。在个体认知结构中有三方面的特性是因人而异的变量，故称之为认知结构变量，同理，讨论体育学习者时可以考虑技能—认知结构变量。其中技能—认知结构变量的，"可利用性"即学习者原有技能—认知结构中是否存在可用来对新知识、技能、原理起固定、吸收作用的内容。

第三，分析学生的目标技能。即了解学习者是否已经掌握或部分掌握教学目标中要求学会的知识与技能，如果已经达到了部分目标，则这部分内容的教学没有必要进行。这有助于在确定目标和内容方面做到重点突出、详略得当。对学习者预备技能和目标技能的分析可采用观察、谈话等方法，也可采用测试的方法。在实际进行教学起点分析时，是否要对起点能力的三个方面分别进行分析，或是否要用测试的方法，都可以根据设计者的学科专业水平、经验以及对学习者的熟悉程度等情况灵活运用。

学习任务分析与教学起点的确定是密不可分的。没有学习任务分析，就无所谓教学起点的确定，没有教学起点的确定，学习任务分析就失去了终点。在制订教学目标时，这两方面的分析往往是同时进行的，两个步骤并不存在明显的先后关系。

4. 体育教学目标表述

在制订教学目标时，必须对学习者通过每一项从属知识和技能的学习应达到的行为状态作出具体、明确的表述，再将这些表述进行类别化和层次化处理。课时教学目标的表述除前面要求的需要非常具体、可操作、可测量和必须陈述学生的学习结果外，目标的表述还应反映学习结果的类型。下面结合课时教学目标的表述要求，介绍两种表述方法。

（1）行为观的表述方法

行为观的表述方法强调用可观察、可测量的外显行为来描述。这类方法很多，下面以"ABCD"模式学习目标编写方法为例进行介绍。该方法认为明确的行为目标主要包含四个要素，简称 ABCD 表述方法。ABCD 的含义分别是：

A（Audience），意指学习者。要有明确的教学对象，是目标句子中的主语。规范的行为目标的开头应是"学生……"书写时可以省略，但目标表述的方式仍应较明显地体现出学生是行为完成的主体，如（学生）能说出单手肩上投篮的动作要领。如写成"教会学生……"或"培养学生……"，就会变为教师的行为。

B（Behaviour），意为行为。要说明通过学习后，学习者能做什么，是目标句子中的谓语和宾语，是目标中最基本的成分。行为的表述应具有可观察、可测量的特点，应使用明确的行为动词来描述，明确的动词有陈述、选出、比较、模仿、示范、改编、接受、服从、拒绝等。模糊的动词包括指导、了解、喜欢等。在表述教学目标时，应尽可能选用那些意义明确、易于观察的行为动词。陈述行为的方法是使用动宾结构的短语，行为动词说明学习类型，宾语说明学习的内容，通常在行为动词后面，加上动作的对象就构成了对行为的表述。

C（Conditions），意为条件。要说明上述行为在什么条件下产生，是目标句子中的状语。这是指影响学生产生学习结果的特定限制或范围，主要说明学生在何种情境或条件下完成指定的操作。对行为条件的表述，体育教学中常用的有：环境因素，包括对学习空间、学习地点的限制，如"在沙坑里完成纵跳"；作业条件因素，包括对器材的高度和重量的规定，以及允许或不允许使用器材与辅助手段等，如"用2公斤的实心球向前、后抛"，或"在同学的保护帮助下跳过山羊"；提供信息或提示，如"借助人体解剖图，说出……"完成行为的情境，如"在课堂讨论时，叙述出……"。

D（Degree），意为程度。应明确上述行为的标准。指评定行为的最低依据，或学生对目标所达到的最低水准，包括三类：一是完成行为的时间限制；二是完成行为的准确性；三是完成行为的成功特征。

用 ABCD 模式表述的教学目标也有人称为行为目标，这种行为目标的优点是非常清楚，避免了用传统方法陈述目标的含糊性。但也有缺点，只强调了行为结果而忽视了内在心理过程，违背了学习的真义，有的学习结果也很难行为化。为了弥补 ABCD 模式的不足，有人提出了一种内外结合的表述方法。

（2）内外结合的表述方法

ABCD 法虽然描述教学目标比较具体可测，避免了模糊性。只注意行为的变化，忽视了内在能力和情感的变化，而有些心理过程无法行为化。学习的实质是内在心理的变化。因此，教育的真正目标不是具体的行为变化，而是内在能力或情感的变化，而内在的心理变化，如理解、欣赏、热爱、尊重等，不能直接进行观察和测量。为了能间接地测量、观察这些内在心理变化，需要列举反映这些内在变化的行为样品，使这个目标具体化。这就是内部过程与外显行为相结合的折中陈述方法的意义。例如，"球类运动中要培养学生的团队精神"这个目标可以表述为："学生具有一定的团队精神；能说出团队精神的大概意义；能在运动中与同伴进行适时的传接球的密切配合；能够指出运动中由于同伴的配合不当所造成的失误。"第一句话是对内部过程的表述，后面三句话是为了说明内部过程而表述的可观察、测量的外显行为。两者相结合的表述方法，既保留了行为目标表述的优点，又避免了行为目标只顾及具体行为变化而忽视内在心理过程变化的缺点，所以这种表述方法受到很多人的青睐。既适合认知目标的表述，也适合于情感目标的表述。

第二节　体育课程与教学内容

体育课程与教学内容是体育课程的基本要素，是体育教学理论中的核心内容之一。从一定意义上说，全部课程问题就是内容问题，因为课程设计是关于内容的组织安排，课程目的是选择和决定内容的依据，课程评价是判断内容产生的结果，课程实施是内容的逐步实现。

一、体育课程与教学内容的特点

（一）体育课程内容的概念与特点

1. 体育课程内容的概念

课程内容是课程的基本要素，是课程内在结构的核心部分，影响着课程实施中教和学的方式，进而影响教学目标的实现。不同的课程价值观、课程结构观和课程设计观对课程内容的理解也有所不同。人们认识课程内容也经历了一个不断深化的过程，一般很少有人再把课程内容直接视为教学内容，而且越来越多的人倾向于把课程内容看作是"静态"与"动态"知识体系相结合的知识系统，即认为课程内容是对相对静态的各门学科知识加以动态的处理、选择和建构的结果。

过去人们往往把体育课程内容等同于体育教学内容。从目前课程论与教学论的相关研究来看，学术界普遍认为课程与教学虽然有着密切的关系，但却分属于两个不同的研究领域，因此，课程内容和教学内容是两个不同的概念，二者之间不能相互替代使用。一般说来，体育课程内容规定了体育学科在某一阶段共同的统一的标准和要求，不是对教学内容的具体规定，较为抽象，不能为学生直接掌握，主要回答体育学科"教什么"的问题。体育教学内容是教师依据具体的教学目标和教学情境对课程资源具体化而形成的有效教学设计，是具体的、个别的，是教师和学生直接操作的对象，主要回答体育学科"用什么教"和"用什么方法教"的问题。

根据以上分析，体育课程内容就是依据体育课程目标，从直接和间接经验中选择，经过加工而形成的体育学科的知识体系，当代社会体育与健康生活经验和学习者体育学习经验的总和。

2. 体育课程内容的特点

体育课程是整个学校教育课程的有机组成部分，是实现学校教育目的和学校体育目的的主要课程。学校教育目的和学校体育目的，以及体育课程的学科价值就规定了体育课程内容的特点。

（1）基础性

体育课程面对的是各级在校学生，因此体育课程内容基础性特征明显。主要表现在体育课程应传授给学生基本的知识和技能，帮助学生形成广泛的运动兴趣和锻炼习惯，为终身体育奠定良好的基础；应使学生对健康知识有一定的了解与学习，为科学地进行体育锻炼和养成良好的生活习惯，促进自己的健康成长奠定知识基础。

（2）身体实践性

体育课程内容应以身体练习为主要手段，通过体育课程学习、体育锻炼，增强学生的体能，促进学生运动技能的掌握和行为态度的形成，这是与其他文化课程相区别的根本特征。当然，体育课程的学习也有知识的学习、心理健康的教育和道德品质的培养，但是这主要是贯穿于身体练习的过程之中，并通过身体练习来达到。

（3）负荷性

体育课程的学习过程也是对学生的身体施加负荷的过程，通过适宜负荷的身体练习，提高体能和运动技能水平，促进学生健康成长。具有一定负荷的身体练习是体育课程内容的基本特征，而适宜负荷的目的就是促进学生的健康成长，这与竞技运动训练的负荷追求运动竞赛成绩有着根本区别。

（4）综合性

体育课程内容的综合性主要体现在功能的多样性和目标的多维性。功能的多样性就是指体育课程内容不但具有育人功能，同时融合部分健康行为与生活方式、生长发育与青春期保健、心理健康和社会适应能力，以及预防疾病、安全应急的知识和技能等多种价值。目标的多维性就是指体育课程内容有利于促进学生的全面发展，不但要实现身体健康的目标，而且还要实现增进学生的心理健康和社会适应能力的目标。

（二）体育教学内容的概念与特点

1. 体育教学内容的概念

体育教学内容是体育教学目标与体育教学实施的中介，是体育课程内容的一个有机组成部分。从体育课程内容与体育教学内容的关系角度，体育教学内容主要涉及的是教师在体育课程实施——体育教学中"教授行为"的具体内容和学生"学习行为"的具体内容，以及二者如何互动的具体内容等。体育教学内容不仅包括了体育教学过程中所有"教"与"学"的具体内容，还包括了各种"教"与"学"活动的具体组织步骤。因此，体育教学内容就是在体育教学环境下传授给学生的体育与健康基础知识、运动技能和健身方法等体育知识体系、学生所获得的体育与健康生活经验、体育学习的经验等"教"与"学"的具体内容，以及"教"与"学"活动的具体组织步骤。

2. 体育教学内容的特点

体育教学内容较之一般的教学内容既有共性特征，也有鲜明的个性特征。就其共性特征而言，体育教学内容与一般的教学内容一样，具有教育性、科学性和系统性特征。所谓教育性特征就是把体育教学内容作为对受教育者进行教育的媒体，因此，这些体育教学内容首先要具有教育性。体育教学内容的科学性主要是指体育教学内容是学校进行的有计划、有目的、系统的教学内容的重要组成部分，应与其他教育内容一样，具有很强的科学性。体育教学内容的系统性特征一方面体现在体育运动内在的规律使得体育教学内容所形成的内在结构上，另一方面体现在要根据教育目标、学生身心发育特征以及教学环境和条件等因素，系统地、逻辑地安排不同学校、年级的教学内容上。

体育教学内容的个性特征即体育教学内容本身所具有独特特征，包括运动实践性、健身性、娱乐性和非阶梯性。

（1）运动实践性

运动实践性是体育教学内容最突出的一个特征。因为体育教学内容大部分"是以有关身体运动的学习和身体运动的技能形成为主要培养目标的内容；是以运动为媒介，以大肌肉群的活动状态进行教育的内容"。通俗说来，就是仅仅依靠语言的传递，仅仅依靠看、想、听是无法学好体育教学内容的，必须通过学生从事运动学习和身体练习的实践活动，体会肌肉本体感觉的形成与动作记忆，解决学生不会的问题。

（2）健身性

健身性就是体育教学内容的学习必然对身体形成一定的运动负荷，合理的运动负荷必然对身体产生锻炼的作用。合理安排身体练习的负荷，对增进身体健康的作用是其他课程无法比拟的。

（3）娱乐性

体育教学内容来自于各种身体活动，而这些身体活动的绝大部分又来自于人的娱乐活动，所以体育教学内容自然地就具有趣味性和娱乐性。特别是运动过程中所经历的竞争与合作、成功与失败的体验，给人的情感、情绪以深刻而丰富的影响。

（4）非阶梯性

非阶梯性主要是指体育教学内容之间没有较为清晰的由易到难、由简到繁的阶梯性结构，以及明显的从基础到提高的逻辑结构体系。

二、体育课程与教学内容的选用

体育课程与教学内容是体育教学设计的基本要素，是实现体育教学目标的载体，是一系列体育教学活动开展的基础，体育教学设计、体育教学实施与评价都是围绕体育教学内容展开的。正确认识和理解核心素养导向的体育课程与教学内容的概念，掌握课程与教学内容的选择方法，合理开发利用课程与教学内容，对科学设计体育课堂教学具有重要意义。

（一）体育课程与教学内容的来源与分类

1. 体育课程与教学内容的来源

体育课程与教学内容都是来源于竞技运动项目、民族民间体育活动以及新兴运动项目。随着学生身心发展不断成熟，体育课程与教学内容也日趋丰富多彩，教学方法和手段也日趋多种多样。因此，体育课程与教学内容的有效素材也更加丰富。但是，长期以来，由于体育课程与教学内容的竞技化现象严重，以及教学内容单一、个性化不足、教学内容固化、可选择性差等问题依然突出。因此，体育课程与教学内容的实际来源范围较窄。新课程标准坚持贯彻"健康第一"的指导思想，大力推进素质教育，促进学生全面发展。为此，必须加大传统教学内容的创新力度，充分开发与利用民间民族传统体育和新兴运动项目。

传统教学内容的创新就是根据学生身心发展的特点和不同需求、课程目标、办学条件、学生基础等诸多因素，特别是要按照增强体能、增进健康的课程目标要求对传统体育项目进行科学的选择、必要的加工和有针对性的重新设计，使其成为面向全体学生并为广大学生喜爱和基本学会的体育教学内容。传统体育教学内容的创新途径有简化技术结构、减小技术难度、调整场地器材规格、修改比赛规则、降低负荷要求，重视开发其健身、健心的多种功能等。

民族民间传统体育项目的开发与利用有助于学校体育课程与教学内容增添民族特色，丰富学生的生活经验。民族民间传统体育课程内容可以开发成闲暇消遣类、健身娱乐类、竞赛游戏类、民俗节庆类等。选择和应用民族民间传统体育项目时要根据学校的地域特征、环境因素、学生的实际情况等，以使其符合学生的身心特征。

适合中学生的新兴运动项目除了郊游、远足、野营等野外活动，以及体育舞蹈、健身操、旅游登山、攀岩等项目外，还包括心理拓展训练、紧急救护与逃生的身体活动技能、运动处方和锻炼处方以及在传统体育运动项目上发展起来的新体育运动项目等。

2. 体育课程与教学内容的分类

现阶段的体育课程与教学内容分类是围绕运动能力、健康行为和体育品德三方面的学科核心素养，并根据相应的学段目标和学习水平要求进行综合分类：体育理论类、体育实践类和理论实践结合类。

（1）体育理论类

健康知识：促进身体健康是选择体育教学内容的基本出发点和归宿。在现代社会里，掌握和运用健康知识，了解自己的身体健康水平，科学规划自己的健身活动，对增进学生的身体健康和心理健康，预防疾病，养成积极、健康的生活方式和科学的健康观，具有重要的教育意义。

健身知识：参与健身活动是促进学生身体健康的有效手段。体育健身环境的选择、健身效果的检测与评价、运动处方的编制等知识是学生进行健身活动的基础，掌握自我健身和保健的科学知识，有利于学生进行科学、有效的健身。

体育文化：体育文化是人类社会文化的重要组成部分，体育精神是体育文化的产物，是人类积极进取的动力和源泉。"相互理解、友谊、团结和公平竞争"的奥林匹克精神对青少年成长具有重要的教育意义。了解和体验世界、中国及各地区的体育文化，丰富体育文化知识，有利于培养学生对不同体育文化的认同感，形成良好的体育精神。

（2）体育实践类

运动技能类：运动技能教学是体育教学的学科特色和学生对体育运动项目学习的基本需要，是将体育知识转化为体育健身能力的桥梁和纽带，也是达成其他学习领域目标的载体。通过运动技能学习这一主线，将丰富学生的体育课堂学习内容，对学生的运动认知、体育态度和习惯，乃至终身体育能力的培养奠定必要的基础。

体能类：体能发展是学生身体发展的重要指标。健康类体能和运动类体能的发展是体育教学内容选择的重要方面。因此，结合健身项目的特点和学生的身体机能生长发育的敏感期，选择针对性的教学内容，将有助于学生身体的全面、健康发展，并为终身体育奠定基础。此外，体能类教学内容并不是孤立的教学内容，它与运动技能类教学内容密切相关，它们是相互促进的整体。

（3）理论实践结合类

理论实践结合类内容是指学生应用所学的知识进行实际操作的学习内容，包括自我健康状况的测量与评价，自我身体状况的分析与判断，一定条件下的生存与自救，有限的空间与时间里或根据自然环境选择适宜的锻炼方式和手段，制订科学可行的锻炼计划，根据自己的健康状况开具运动处方，通过其他媒介自学自练、自编、自创学习内容等。这些理论知识对学生健身实践、提高生活和生存技能，以及改进和优化自己的健身行为具有实用价值。

（二）体育课程与教学内容选用的依据

体育课程与教学内容是实现体育课程教学目标的手段。体育课程与教学的选择不仅要考虑体育教学目标，还要考虑体育课程与教学内容的科学性与有效性、学生的身心发育情况以及学校的实际情况。

其一，依据"目标引领内容"的思想，教师应根据体育与健康课程设置的目标，认真分析教材，选择教学内容，以提高学生的体能水平和运动技能水平，加强学生健康维护的意识，促进学生身心协调发展。

其二，依据学生身心发展需要，在体育课程与教学内容的选择过程中应分析该年龄阶段学生的身体特征、心理特点以及获取知识的方式，了解学生的现有状况与理想状况的差距，据此选择合适的内容帮助学生满足各种需求，促进学生的全面发展。

其三，依据体育课程的学科特征，选择科学有效的教学内容。体育学科的基本特征主要包括身体活动性、运动技能和身体素质、教学内容的非阶梯性以及"一项多标"和"一标多项"的特性等。体育课程的学科特征就要求教师在选择教学内容时要明确什么是"亟需开发的内容"，什么是"需要开发的内容"，什么是"不必开发的内容"和什么是"不能开发的内容"，从而确保所选择的体育课程与教学内容能够满足体育教学目标的需要。

其四，选择体育课程与教学内容还必须考虑城乡、区域差异，场地设施条件，季节，气候和安全等具体情况，要因地、因时制宜地进行体育教学。

其五，重视健康教育，培养学生的健康能力，养成良好的健康生活习惯是体育课程与教学的重要目标。各校应根据自身实际情况，每学年保证开展一定时数的健康教育内容教学。

（三）体育课程与教学内容选用的原则

1. 基础性原则

体育课程与教学内容选择的基础性原则就是所选内容能够使学生掌握体育与健康的基本知识与技能，有效增进健康、形成良好个性，提高体育文化素养，为终身体育打下基础，即强调学生必备的体育的基本知识、运动技能和体育能力的相关内容。

2. 学生主体性原则

学生主体性原则是新课程的重要指导思想。在体育课程与教学内容的选择上，学生主体性原则主要表现在：一是体育教学内容要具有鲜明的生活教育特色，要关注学生的生活世界，即体育教学内容的生活性；二是教学内容的主体性，就是体育课程与教学内容应满足学生的主体需要，实现学生的主体体验；三是"以人为本"的课程理念，要求体育课程与教学内容要具有人本性。这就要求通过该内容的学习，学生既能增进健康，而且有助于培养学生的自主、进取、合作精神以及平等、体谅等优良品质。

3. 兴趣性原则

兴趣是最好的老师。学生的体育兴趣在很大程度上影响着学生的体育注意和体育学习的方向。体育课程与教学内容应充分考虑不同水平阶段学生的兴趣、需求和能力的实际情况，使学生能够体验到成功体育的乐趣，从而进一步发展学生的体育学习兴趣。

4. 可行性原则

所谓可行性原则就是体育课程与教学内容的选择要根据自己所在学校的物质条件、学生素质、兴趣爱好等的实际情况进行选择，不能盲目跟风，进而造成不必要的人力和物力的浪费。

（四）体育课程与教学内容选用的过程

体育课程与教学内容选用一般要经过体育素材形成、选择运动项目、选择有效运动项目和可行性分析等过程。体育课程与教学内容选用也要经历这一过程，所选内容必须符合学生的身心发育、兴趣、爱好等要求。

1. 基本体育素材的形成

首先，对现有体育素材进行教育性分析与评价，即看这些内容是否有利于增进中学生的健康，是否有利于学生的运动参与、运动技能掌握，是否有利于其心理健康与社会适应能力的培养。其次，依据体育课程与教学目标要求，分析各个体育运动项目与身体练习的主要功能，并据此对其进行整理、合并，最终形成基本体育素材。

2. 运动项目的选择

体育运动项目与身体练习具有多功能与多指向性的特征，意味着不同体育运动项目与身体练习可相互替代。因此，要根据社会的需求和条件，以及学生的身心特点与兴趣爱好，将比较典型和常见的体育运动项目与身体练习选择出来，作为体育与健康课程与教学内容。

3. 有效运动项目的选择

依据不同水平阶段的学生的身心特点、教学目标，选择适合不同水平、年级的运动项目和教学方法。

4. 可行性分析

体育教学内容较易受到地域、气候和场地器材条件制约与影响。因此，在选择体育与健康课程与教学内容时，一定要考虑场地器材的可能性。

第三节 体育课程实施

一、体育课程实施的意义与本质

（一）体育课程实施的意义

1. 体育课程实施是体育课程改革的重要环节

一场完整的体育课程改革通常包括课程设计、课程实施和课程评价三个环节。课程设计是体育课程改革的起始环节，是指研究制定体育课程改革的理想及实现这种理想的具体方案。体育课程的设计包括体育与健康课程标准的研制、体育教科书的编写、地方体育课程方案的制订等内容。课程方案设计好以后就应该进入到课程实施环节。课程改革的实践过程包括三个不同阶段：第一阶段是做出使用课程计划的决定，称为"发起"或"动员"阶段；第二阶段是实施或最初使用阶段；第三阶段是常规化或制度化阶段。如果说课程设计与课程实施存在先后顺序的话，那么，课程实施与课程评价则是同步并行的。课程评价并不仅仅是对课程实施的结果进行评价，还包括对课程设计质量和课程实施过程的评价。根据发展性评价理论，课程评价的目的是为了促进教师和学生的主动发展及课程建设的不断完善。从课程改革的角度看，体育课程评价的目的在于了解体育课程设计和实施的情况，及时总结体育课程设计和实施过程中的经验，发现存在的问题与不足，通过课程评价为改进课程设计，促进体育课程的有效实施提供建设性意见。

从体育课程计划与体育课程实施的关系来看，两者是理想与现实、预期的结果与实现结果的过程之间的关系。如果说体育课程设计为体育课程改革的成功提供了可能，那么，体育课程实施就是把这种可能变为现实的过程。

2. 体育课程实施是体育课程价值生成的实质性环节

从体育课程价值和意义的生成来看，关键在于课程实施。体育课程的价值主要体现在增进学生身心健康和提高学生的体育文化素养两个方面。健康，体现着人类对自身前途和命运的基本关怀；体育，是体现这种基本关怀的最佳执行者。追寻健康，体育是最积极、最有益、最有趣的方式。

体育课程对于学生健康成长的重要作用在我国已经达成了普遍的共识，"健康第一"也已成为我国体育课程的指导思想，增进学生的身心健康已是我国体育课程的重要目标。体育课程实施的根本目的在于达成体育课程目标，在于促进学生身心健康的协调发展，离开了这一目标，体育课程实施将滑入舍本逐末的误区。与此同时，体育课程实施在致力于提高学生在校期间健康水平的同时，也要注重提高学生的体育文化素养，关注学生体育与健康知识、技能、方法的学习和掌握，重视学生终身体育意识和能力的习得。要确保体育课程健康促进价值的生成，体育课程能否得到有效实施是关键。如果体育课程改革的重点仅仅停留在课程设计阶段，仅仅沉醉于描绘体育课程改革的美好蓝图，而对体育课程实施过程视而不见，体育课程的健康促进价值和体育文化素养的养成价值便会成为海市蜃楼。

3. 体育课程实施是体育教师专业发展的过程

体育课程改革的关键在于有效的课程实施，体育课程实施的关键在于体育教师的实际运作。体育教师对新课程的理解和参与是实施新课程的前提，因为他们最终决定着体育课程实施的走向。体育课程实施是体育教师根据具体的课程情境，对课程目标、内容和方法进行调适的过程。如果体育教师对新课程缺乏兴趣，担心实施新课程会影响自己经验积累而形成的优势，就不可能主动参与课程实施过程，不可能积极地调适体育课程实施方案，体育课程改革将很难取得成功。

在新课程的实施中，体育教师专业发展越充分，按照课程实施的具体情境进行调适的可能性就越大，体育课程实施的水平也越高。促进体育教师的专业发展是体育课程实施的关键所在，提高体育教师实施新课程的兴趣和能力，是体育课程改革成功的重要保证。既要深化体育教师专业教育的改革，又要使广大体育教师明确体育课程改革的意义和目标，充分调动他们的积极性，使体育课程实施的过程变成体育教师主动发展的过程。

（二）体育课程实施的本质

1. 课程实施本质的两种主流观点

关于课程实施的本质，至今还没有形成一致的看法，比较具有代表性的观点主要有两种。一种观点认为，课程实施是指把新的课程计划付诸实践的过程。课程实施研究所关注的焦点是课程计划在实际上所发生的情况，以及影响课程实施的种种因素。另一种观点认为，课程实施即教学，课程实施内在的包含着教学，教学是课程实施的主要途径。这是持"大课程论"学者的观点。第一种观点将课程实施的本质归属为一个动态的过程，在我国这也是被普遍接受的一种观点。教学是课程实施的主要途径，尽管教学在课程实施中占有核心地位，但还有学生自学、社会考察等其他方式来达到实施课程的目的，简单地把课程实施等同于教学的观点是值得商榷的。

2. 从课程层次理论看体育课程实施的本质

从课程层次理论看，体育课程实施的本质是指把体育与健康课程标准和课程方案付诸实践的动态过程，是提高学生健康素质和体育文化素养，养成体育生活方式的基本途径。这一过程既是体育与健康课程标准和计划的编制者与体育课程实施者之间相互影响、相互作用的过程，是体育教师和学生主动发展的过程，也是调和各种体育课程因素，创新体育课程文化的过程。研制好的体育与健康课程标准和课程方案，必须经由课程实施这一环节才具有现实意义，才能发挥体育课程促进学生身心健康发展的作用，才能为体育课程评价提供反馈信息。

（三）体育课程实施的含义

1. 体育课程实施是学校与体育课程设计相互适应的过程

学校是体育课程实施的基本场所，学校也是影响体育课程实施效果的重要因素之一。当前我国体育课程改革的一个重要特点是，国家放宽了对体育课程管理的硬性规定，实行国家、地方、学校的三级管理体制。三级管理体制既有利于国家的宏观管理和指导，也有利于地方和学校实施课程的自主性和灵活性，真正体现体育课程实施统一性与灵活性的结合。

体育课程的有效实施，一方面，强调国家体育课程方案和体育与健康课程标准对地方、学校及学生的适应性。国家制订的体育与健康课程标准要充分考虑我国的国情、教育和社会发展的需要，充分考虑我国广大地区在经济、文化、生活习惯、民族风俗等方面的差异，力求使体育与健康课程标准具有广泛的适应性。另一方面，学校也应主动适应体育课程实施的需要，在充分考虑当地社会、经济发展具体情况的基础上，结合本校的客观条件、体育传统和优势以及学生的兴趣和需要，积极开发和利用各种课程资源，制定适合本校的体育课程实施方案，主动推进新课程的实施。

2. 体育课程实施是促进学生身心健康协调发展的过程

体育课程对于全面提高学生身体、心理和社会适应能力的整体健康水平，促进学生健康成长具有重要价值。体育课程实施的目的在于促进学生身心健康的协调发展，离开了这一目标，体育课程实施将陷入本末倒置的泥潭。学生的健康发展是体育课程实施的具体着眼点和最终落脚点，体育课程实施必须面向全体学生，既要考虑学生已有的发展状况和发展条件，又要科学估计学生未来发展的最大可能，也就是说，体育课程实施要"目中有人"，要着眼于学生身心健康的协调发展。

坚持文化知识学习与思想品德修养的统一、理论学习与社会实践的统一、全面发展与个性发展的统一。加强体育，牢固树立健康第一的思想，确保学生体育课程和课余活动时间，提高体育教学质量，加强心理健康教育，促进学生身心健康、体魄强健、意志坚强；加强美育，培养学生良好的审美情趣和人文素养。加强劳动教育，培养学生热爱劳动、热爱劳动人民的情感。重视安全教育、生命教育、国防教育、可持续发展教育。促进德育、智育、体育、美育、劳育有机融合，提高学生综合素质，使学生成为德智体美劳全面发展的社会主义建设者和接班人。体育课程是促进学生身心健康协调发展的有效途径，是提高国民健康素质和健康水平的基础。体育课程实施既要致力于提高学生在校期间的健康水平，也要关注学生健康意识和终身体育能力的培养，将增进学生健康贯穿于体育课程实施的全过程。

3. 体育课程实施是体育教师主动实现专业发展的过程

体育课程实施是体育教师根据实际情况对课程目标、内容和方法进行调适的过程。无论"文本课程""实施课程""习得课程"都需要教师去体验、去创造、去落实。课程改革的成败归根结底取决于教师。从这个意义上讲，"教师即课程"。体育课程的实施是一个体育课程与教学新文化的再创造过程，体育教师将由课程计划的执行者转变成体育课程的决策者和建构者，由体育教学的管理者转变成学生身心发展的指导者和合作者，由裁定学生体育学习成绩的法官转变成学生健康成长的促进者。从某种意义上讲，体育课程实施的过程是体育教师主动实现专业发展的过程。

(四) 体育课程实施过程的实质

1. 体育课程实施是一个相互理解的过程

教师与课程设计者之间的理解是体育课程能否有效实施的前提条件。一般认为，教师与课程设计者之间的理解主要指教师能在多大程度上领会课程设计者的思想、把握课程设计者的主旨，并能在课程实施中加以具体落实。通常情况下，好的课程实施就是教师准确无误地领会课程专家（设计者）的意图，并忠实地履行体育与健康课程标准和既定的课程方案。这是一种"单向度"的理解观，即只是强调教师对课程设计者的理解，而忽视课程设计者与教师之间的互相理解。

教师与课程设计者之间是一种理解关系，课程的实施过程也是教师与课程设计者之间互相理解的过程。实质上，教师对课程的理解正是通过其与课程设计者的分享、合作、交流、沟通而获得的，当前正在进行的"自下而上"的校本课程开发模式反映了这一趋势。在"自下而上"的课程实施中，教师与课程设计者能够直接对话、交流，能就某一问题进行深入探讨，双方都是体育课程开发的主人，都能进行相互理解并分享彼此的经验和智慧在相互理解的过程中，双方不断达成新的共识，并最终在新的理解的基础上，不断修改、充实、形成新的课程文本。

2. 体育课程实施是一个互动对话的过程

体育课程实施过程是教师与课程设计者进行互动对话的过程。新课程的设计与开发，应通过教师与课程设计者双方的共同参与，探讨课程计划，并提出各自关于体育课程的不同意见，最终以对话的方式不断取得双方的沟通和理解，这意味着教师与课程设计者不应是单独的、分工的、相互分离的课程工作者，而应是共同参与到课程研制、开发与实施过程中的合作者。

体育课程实施过程同时也是师生互动对话的过程，师生对话是教学中课程实施的重要途径。在课堂教学中，师生通过对话，共同探讨课程文本，并建构其自身不同的理解，最终形成新的共识。师生对话是一种特殊的对话形式，有其独特的内涵。师生对话是指师生双方在互相尊重、信任和平等的基础上，通过语言而进行的双向交流和沟通活动。师生对话的核心，是师生作为平等的主体之间的坦诚相见，是师生双方共同在场、互相关照、互相包容、共同成长，这不仅仅是师生之间交往的一种方式，更是弥漫、充盈于师生之间的一种教育情景和精神氛围。在这一过程中，学生的主体地位得以体现，体育课程的价值通过师生之间的对话得以生成。

3. 体育课程实施是一个意义建构的过程

强调提高学生的健康素质和健康水平，是21世纪我国基础教育体育课程改革的基本特征。这一基本特征应该从两个方面进行理解。一方面，体育课程应该从过于强调"强身健体"的生物学功能和注重运动技能的传授与学习，而忽视学生心理素质的提高和社会适应能力的培养，转向身体健康、心理健康和社会适应能力的协调发展和共同提高。另一方面，体育课程既要关注学生在校期间健康促进的阶段效益，还要以终身体育思想为指导，注重学生健康促进能力的培养，关注学校体育的远期效益。简而言之，促进学生健康成长，服务于学生未来健康工作和幸福生活的需要，是体育课程的意义所在。

切实提高学生的体质健康水平，促进学生的健康成长，帮助学生奠定终身体育的基础，是体育课程的应有之义，而体育课程实施正是建构体育课程意义的重要过程。学校体育是增进学生身心健康的有效途径，是提高国民健康素质和健康水平的基础，这一观点在我国已基本达成共识。

二、体育课程实施的策略

（一）体育课程实施策略的分类

课程实施策略是指为了实现课程改革的目标，预先根据课程愿景和可能出现的问题制定的实施方案，并在实现目标的过程中，根据形势的发展和变化修订实施方案，最终实现课程改革的目标。课程实施的策略可以分为自上而下策略、自下而上策略和自中而上策略三种。自上至下策略是以国家和地区为中心的，采取这种策略来实施课程变革，要求学校中的其他因素要与改革相一致，否则，改革将会受到阻碍或只是暂时得到实施；自下至上策略是作为自上至下策略的对立面提出来的，该策略是以当地或以教师所关心的问题为起点来进行变革的；自中间向上策略是基于对前两种策略的扬弃而产生的，这种策略认为，自上至下策略过于依赖附带的奖赏，如别人的认可、事业的进步和对不依从者的威胁，而自下至上策略以个人或群体对改革的倾向为先决条件，如果学校文化本身是传统的、守旧的，就不容易进行改革，而且将教师作为改革的行动者，由于教师自身素质的限制，他们往往选择低质量的改革。在这种背景下，产生了自中向上的策略，该策略认为学校是改革的最适当的单位。

课程实施策略的分类是以课程实施的不同主体作为发起者的，分别对应于不同的课程价值取向，即自上至下策略强调忠实取向，主张以国家或地方为中心；自下至上策略强调课程创生取向，主张以教师和学生所关心的问题为起点；自中向上策略作为二者的折中，强调相互适应取向，主张以学校为改革的基本单位是最适当的。但我国体育课程实施的主流价值取向是忠实取向，同时兼顾相互适应取向，而课程创新取向对现阶段的我国体育课程来说是超越现实的。体育课程实施需要各个层面的通力合作，可以分为不同层面的实施策略，即宏观策略、中观策略、微观策略。

（二）不同层面的体育课程实施策略

1. 高起点低重心的宏观策略

（1）国家是体育课程实施的发起者

长期以来，我国实行的是集权式课程管理体制，全国使用统一的体育课程计划和体育教学大纲，学校、教师缺乏开发、实施课程的自主权；教师形成了根深蒂固的观念，即体育课程实施是忠实地执行课程计划的过程。因此，我国的课程实施策略一直是单一的、发生在国家水平的自上而下策略。尽管目前我国体育课程管理呈现出共享课程决策、共同参与课程开发的民主化趋向，尽管自上至下策略难以顾及学校的具体情境与教师的能力和看法，但在实施一个目标明确而一致、设计精确而清晰的体育课程计划时，这种策略无疑是最有效的。因此，从宏观层面来讲，国家应被确定为体育课程实施的发起者。

（2）学校是体育课程实施的基本单位

强调国家是体育课程实施的发起者，强调忠实取向是我国体育课程实施的主流取向，意味着体育课程实施的高起点。不过，无论采取哪一种课程实施策略，也不管采用哪一种价值取向，由于学校在教育中所处的特殊位置，决定了任何一次体育课程改革，都必须经由学校这一环节，体育课程的理想才可能转变为现实。这一点是不以采取的课程实施策略和价值取向为转移的。如果说体育课程改革的起点在国家，那么，体育课程实施的重心无疑在学校。

2. 追求实际效果的中观策略

（1）紧紧抓住体育课程的本质目标，不能舍本逐末

体育课程目标是体育课程实施活动期望达到的预期结果，是开展计划、实施、评价等体育课程实践活动的重要依据，是衡量体育课程实施效果的重要标准。随着人们对学校体育认识的不断深化，体育课程目标也呈现出多元化的发展趋势，主要包括增进健康、增强体质的目标、教育的目标、掌握运动技能的目标、提高体育文化素养的目标、竞技的目标、休闲娱乐的目标、终身体育的目标、促进学生个性发展的目标等。面对多元化的体育课程目标，越来越多的人开始感到无所适从，因为他们不明白究竟哪个目标才是体育课程的核心追求。特别是"三维健康观"的提出和实践，似乎淡化了体育课程"强身健体"的本质功能。实际上，促进学生的体能发展，才是社会发展对体育课程的时代诉求。不要动辄以"生物体育观"来片面否定发展学生体能的重要性，否则就会滑入舍本逐末的误

区。从中观层面来看，体育课程的实施应该牢牢抓住"强身健体"这一本质目标。

强调体育课程目标要高度关注学生身体健康的发展，并不意味着要淡化运动技能的教学和漠视学生的情感体验。身体健康水平的提高与运动技能的学习和掌握及体育兴趣和能力的培养是一种相辅相成、相互促进的关系。体育课程目标的制定应该重点突出、主次分明，体育课程实施应该力求做到"汗""会""乐"。"汗"，即强调体育课程实施活动必须具有一定的运动负荷，有利于促进学生的身体健康；"会"，即强调要促进学生运动技能的掌握和体育文化素养的提升及终身体育能力的培养；"乐"，即要做到寓教于乐，使学生充分体验体育课程的乐趣，进而培养学生的体育兴趣。

（2）体育课教学要讲究实际效果

有学者提出，传统的体育教学方法重视教师的教，忽视学生的情感体验，最终导致许多学生不喜欢体育课。因此，体育教师要注重激发学生的体育学习兴趣，使学生在有趣的气氛中和愉快的体验中获得更多的知识和技能，指导学生进行有效的学习。只有这样，体育教学才能取得最大的效益。于是，变革传统的接受学习方式，倡导"自主、合作、探究"的学习方式，实现学习方式的多样化，成了体育新课程实施中的一大特色。

然而，任何学习方式的运用都不是毫无限制的，再好的学习方式也不能滥用。例如，自主学习在活跃教学气氛，激发学生的学习兴趣，帮助学生体验教材的乐趣等方面有其特殊的作用。但是，就是这种好方法如果使用无度，整堂课甚至整个学期都让学生自主学习，必然会淡化教师的主导作用，降低教学的效率。再如，如果过度使用探究学习，就可能使教学效率大打折扣，甚至可能把体育课上成了研究课。此外，自主学习、探究学习、合作学习在促进学生的体能发展和技能掌握方面的作用并不十分明显，这也是体育课教学需要正视的问题。

体育课的运动负荷和练习密度是实现体育课程目标的重要因素，是促进学生体能发展和技能提高的必要保证。因此，体育教师从事体育课教学必须重视运动负荷。课前，在了解学生与钻研教材、教法的基础上，认真设计课的练习密度和练习强度。课中，对学生承受运动负荷的情况，应随时作出正确的判断，并根据教学的实际情况，及时加以调整，以保证教学的顺利进行和学生的身体安全。但是，不能把体育课的运动负荷设计与实施绝对化、机械化。重视和合理安排体育课的运动负荷，是为学生更加有效地学习和掌握运动技能与锻炼身体服务的。

（3）重视课外体育活动的重要作用

体育课教学与课外体育活动是体育课程实施的两条主要途径，这两条途径相辅相成。

对于体育课程的有效实施来说，体育课固然重要，但课外体育活动也必不可少。不能狭隘地把体育课程改革理解为体育课的改革，因为仅仅通过每周开设的有限的体育课时很难实现体育课程目标。

3. 注重课程情境差异的微观策略

（1）充分考虑具体的课程情境，课程目标要切实可行

体育课程在学校这一具体单位的实施，是一个需要发挥体育教师课程智慧的创造过程，是一种创造性活动。体育课程在学校这一微观层面的落实，以及体育课程目标的制定和课程内容的选用，都必须充分考虑具体的课程情境。自改革开放以来，我国学生历次体质健康测试结果表明，我国学生体质健康状况还存在着许多不容忽视的问题，特别是耐力、速度、爆发力、力量素质呈进一步下降趋势。针对这一状况，有学者分析认为，造成学生体育锻炼不足的主要原因是受到了现阶段社会发展的客观制约，即随着现代化进程的加快，人们出行坐汽车、上楼乘电梯、工作自动化、家务社会化、生活电器化等诸如此类的情况，使身体活动的机会减少了。这一分析恐怕更适合城市学生，因为绝大多数农村学生上学无须坐汽车，上楼也无须乘电梯，家务更是无法社会化。事实上，城市学生与农村学生不仅在体能方面存在着较大的差异，对体育运动项目的兴趣爱好也可能迥然不同，在心理品质和社会适应能力方面也差异明显。因此，作为体育课程实施基本单位的学校在制定体育课程目标时，必须综合考虑本地、本学校在经济、文化、气候、地理环境、生活方式及体育传统等方面的具体情况，尽量做到有的放矢，切实可行。

（2）全面分析课程资源，合理制订实施方案

课程资源主要包括课程的要素来源和实施课程的必要而直接的条件。课程资源，特别是课程实施的条件资源，如人力、物力和财力，时间、场地、媒介、设备、设施和环境，以及人们对于课程的认识状况等因素，对于体育课程实施具有非常重要的现实意义，在很大程度上决定着体育课程实施的范围和水平。因此，作为体育课程实施基本单位的学校，必须全面分析自身课程资源的基本情况，正确评估课程资源的优势和缺陷，才能制定切实可行的实施方案。

（三）落实体育课程实施策略的要求

1. 坚持高起点与低重心并重的宏观策略

体育课程实施应该坚持高起点与低重心的宏观策略，因为这样既有利于保证国家体育课程意志的真正落实，又有利于区别对待各学校千差万别的体育课程情境。不能把体育课

程实施理解为按图索骥式的单向度线性过程，在强调忠实执行国家体育课程计划的同时，各地、各学校也应发挥各自的主观能动性，因为学校才是体育课程实施的基本单位。

2. 坚持重形式更要重效果的中观策略

无论体育课程的目标分化为多少个，其本质目标始终只有一个，那就是"强身健体"。体育课程实施应避免重形式而轻实效的现象，体育教学方式的选用要充分考虑各种体育教学方式的特点和作用，服务于实现促进学生体能发展和运动技能提高的需要。无论是体育课还是课外体育活动，都应该强调"汗""会""乐"，要切实提高体育课程实施的实际效果，就必须保障课外体育活动的时间，发挥课外体育活动的重要作用，使得体育课程实施不仅有效果，而且有效益，更要有效率。

3. 坚持尊重学校具体体育课程情境的微观策略

体育课程在学校这一微观层面的具体运作，无论是课程目标的确定还是课程内容的选用及课程实施方案的制定，都要关注各地区、各学校在课程情境方面的差异。体育课程在学校的具体运作主要包括理解与内化、酝酿与准备及运作与体验三个阶段。体育教师要正确理解国家体育课程改革的精神和基本理念，发挥相关人员的集体智慧，精心设计本校体育课程的实施计划，使体育课程实施的过程成为学生体能发展与技能提高的过程。

三、体育课程实施的路径

（一）体育课程实施的主要途径

1. 体育教学是体育课程实施的核心途径

体育教学是体育课程实施的核心途径，在基础教育体育课程改革日益深入的时代背景下，体育教学应树立与现代体育课程相适应的教学观念。

（1）健康第一的体育教学价值观

随着我国科学技术的迅猛发展，生产力水平的日益提高，以及经济社会的不断进步，人们的日常生活发生了极大的变化，物质生活条件大为改善，精神生活越来越丰富。生活在现代社会的人们享受着人类历史上前所未有的物质文明成果，但科技的进步和经济的发展在给人们生产与生活带来舒适与方便的同时，也给人们的身心健康带来了前所未有的威胁。当代中国社会的发展影响着人们的身心健康，也给体育课程与教学的功能和价值赋予了新的时代内涵。

健康第一是指体育教学首先要服务于学生的健康成长。从"生物体育观"到"三维健康观"，从增强体质到增进健康，适应中国社会进步的体育教学正在建立以健康促进为主导的价值观念。过去比较重视增进学生身体健康这一维度，而对促进学生的心理健康与社会适应维度重视不够，有人批评这种倾向只重视体育课程教学的显性的生物学效果，而忽视隐性的心理学和社会学效果，是"纯生物体育观"的表现，见物不见人。这种批评不无道理。体育新课程积极倡导世界卫生组织提出的"三维健康观"，无疑是一种进步。然而，在关注学生身体健康、心理健康和社会适应协调发展的同时，体育课程与教学改革始终要高度关注学生的身体健康，增进学生身体健康，仍然是体育教学所要关注的焦点。

（2）技能引领的体育教学内容观

运动技能的教学不仅是实现体育课程目标的重要途径和主要载体，而且运动技能的掌握和提高也有助于激发学生的体育兴趣，有助于终身体育习惯和能力的培养，有助于健康生活方式的养成。正是由于运动技能的教学在体育课程中具有重要的作用，美国、日本、俄罗斯、英国等国家普遍重视运动技能的教学。因此，体育课程在实施过程中，要树立运动技能引领的教学内容观，要优化运动技能的教学。在体育课程实施的实践工作中，要从促进学生身心健康发展的目标出发，精选有助于发展学生的身心健康、有助于学生养成体育锻炼习惯的运动技能，改变教学方法训练化的做法，进行竞技运动的教材化改造，不过分追求运动技能传授的系统性与完整性，不要苛求技术动作细节。

体育新课程的一个显著变革是没有规定具体的教学内容，但这并不意味着运动技能的教学不重要，恰恰相反，这体现了新课程对运动技能教学的重视，为运动技能的个性化教学创造了广阔的舞台。因为我国幅员辽阔，全国各地的季节气候、人文习俗、经济发展、教育水平、体育基础等千差万别，运动技能的教学不应该也不可能千篇一律。因此，在体育教学过程中，教师要善于分析学校本身的体育课程情境和学生的体育学习需求，恰到好处地选择运动技能，重视通过运动技能的教学全面达成体育课程的目标。

（3）交往互动的体育教学过程观

当代体育教学观念认为："体育教学应在师生平等对话的过程中进行。""学生是体育学习的主体。""教师是学习活动的组织者和引导者"。这些表述强调体育教学过程是师生交往、共同发展的互动过程。在这个过程中，以体育教师为主导，以学生为主体是一种辩证的统一。要最优化教与学的基本功能，既要把以学生为主体作为实施体育教学的基本点，又要使体育教师为主导成为实现学生为主体的根本保障。体育教师要教学生不知道的、教学生体会不到的、教学生不可能想到的，也就是说在学生最重要之处、最需要之时，给学生以指导和帮助，使学生迈上一个更高的认识层次，为学生以后的发展铺设台阶、注入动力、奠定基础。由此引导学生积极主动地学习，使体育教学过程成为学生在体育教师引导下主动的、富有个性的认知过程。

交往互动的体育教学过程观，意味着学生主体性的凸显、个性的表现及创造性的解放；意味着教师的教学不再仅仅是体育与健康基础知识、运动技能及体育方法的传授过程，而是与学生一起分享理解的过程，是教师专业成长和自我发展的过程。交往还意味着教师角色定位的转换：教师由教学中的主角转向"平等中的首席"，从传统的知识传授者转向现代的学生发展的促进者。新课程倡导的自主学习、合作学习和探究学习正是以教学过程是师生交往、积极互动和共同发展的过程的认识为基础的。需要指出的是，提出体育教学是师生交往和积极互动的过程，并不意味着要淡化教师的主导作用，而是要优化教师的主导作用。

2. 课外体育活动是体育课程实施的重要途径

从体育课程的内在含义来看，体育课程并不仅仅是指体育课或体育教学，体育课程内在地包含着课外体育活动。如果说体育课主要以学科课程的形式开展教学活动的话，那么，课外体育活动更多地属于活动类体育课程。以体育课为主的学科类体育课程和以课外体育活动为主的活动类体育课程正如车之双轮，鸟之双翼，相辅相成，相得益彰，不可偏废。

自教育部推广课间体育活动以来，课间体育活动的积极作用日渐得到了认同，广大城乡学校开展了积极的尝试，积累了许多有益的经验。例如，在活动内容上，要以校本活动为主，形成各校自身的特色，把民间和民族传统的体育项目纳入大课间活动内容，如小组合的武术操、秧歌操、健身操、跳竹竿舞、滚铁环、玲珑球、跳龙舞等，同时，也可将学生喜闻乐见的一些新兴体育项目如街舞、滑旱冰等纳入课间活动；在运动负荷上，应以适宜的温和型的中小负荷为主，这既有利于提高学生体能水平，又不影响学生文化课的学习。

课间体育活动具有较强的综合效益，既有利于发展学生的体能素质，又有利于学生运动兴趣的激发和运动技能的提高，促进终身体育习惯的养成，还有利于良好心理品质及社会交往能力的培养。不仅如此，在师生共同参与的形式下，不仅有助于师生之间的沟通与交往，有助于新型师生关系的建立，而且有助于提高教师的健康水平，从而有助于提高教师的工作和生活质量。

3. 隐性体育课程是体育课程实施的辅助途径

"隐性课程"一词与课程一样，其含义分歧而不统一。在我国课程理论界，隐性课程的称呼各种各样，主要有隐形课程、潜在课程、隐蔽课程、非显性课程、非正规课程等。隐性课程是与显性课程相对应的范畴。如果说显性课程是学校教育中有计划、有组织地实施的正式课程或官方课程的话，那么，隐性课程则是学生在学习环境（包括物质环境、社会环境和文化体系）中所学习的非预期或非计划性的知识、价值观念、规范和态度。这当然是非正式的、非官方的课程，具有潜在性（latent）。显性课程与隐性课程共同构成学校课程的全貌。隐性课程具有暗示性、多样性、无意识性、长期性和间接性等特性。

随着体育课程研究的日益深入，人们开始意识到隐性体育课程的作用，对隐性体育课程的研究也日渐增多。然而，对隐性体育课程的含义、特点及其开发的基本原则和方法等还没有形成较为一致的认识。例如，有些人热衷于在体育教学的范畴内探讨隐性体育课程的问题，这就不符合隐性课程的含义和特性，因为体育教学显然是有目的、有计划和有组织地进行的，属于显性课程和官方课程。相对于体育教学和课外体育活动两个体育课程实施的主要途径来说，隐性体育课程的开发理所当然地属于辅助途径，但其作用不容忽视。例如，校园体育文化的建设和体育教师的言行举止，很可能对学生产生潜移默化的影响，这种潜移默化的影响有时甚至超过了体育课、课外体育活动等显性的体育课程。因此，加强隐性体育课程的研究，有助于丰富体育课程实施的途径，有助于体育课程目标的全面实现。

（二）体育课程在学校实施中的基本步骤

1. 理解与内化阶段

倡导课程共建是当前体育课程改革的一种趋势，新课程的实施为体育教师的课程实践提供了创新的舞台。无论是体育与健康课程标准，还是体育课程方案和体育教科书，都需要体育教师去理解、去体认、去再造、去落实。相对于以往的"体育教学大纲"而言，当前正在实施的《体育与健康课程标准》无论是在课程理念、课程目标、课程内容、课程评价，还是在课程实施方面，都发生了很大的变化。体育教师再也不应该机械地"照本宣科"，实际上也不可能"照本宣科"，因为在新课程的条件下，体育教师已由体育课程计划的执行者转变为体育课程的建构者。"建构"并不是随遇而安，更不是为所欲为，而是建立在一定理论基础之上的一种课程行为。虽然新课程强调课程决策者、课程计划制定者及课程实施者之间的相互理解和互动对话，但进入操作层面的理解，在很大程度上是指体育教师对体育课程改革的精神、体育与健康课程标准的主旨及体育课程计划制定者的意图的理解。体育教师对新课程的正确理解，是体育课程成功实施的前提条件。

体育教师作为联系学生与体育课程的桥梁，是体育课程实施的重要主体，是体育课程新理念能否成功实施的关键因素。无论体育课程改革的思想多么先进、计划多么周详，如果没有被体育教师很好地理解并推行下去，体育课程改革效果很可能事倍功半甚至无功而返。新课程倡导"健康第一"的指导思想，注重体现体育课程的时代性，强调以学生发展为中心，关注每个学生的发展……旨在通过教学方式的变革，促进学生学习方式的改变。这些新的课程理念，并不是体育教师在传统的体育教学中所熟悉和经常运用的，需要体育教师的重新学习、理解和内化，以实现由课程理念向课程行为的转变，提高适应新课程要求的能力。

2. 酝酿与准备阶段

经过理解和内化的课程理念要外化课程行为，要进入到教师运作和学生体验的阶段，还必须经过酝酿与准备这一中间环节。酝酿主要是指对具体的体育课程实践工作进行思考与协商，思考主要是教师的个体行为，而协商则是集思广益的集体行为。任何一所学校，在实施体育课程的时候，都必须考虑如何结合本地区和本学校的具体情况，确保体育与健康课程标准和体育课程方案等"文本课程"转化为切实可行的课程实践。这需要体育教师树立课程意识，具备课程开发的技能，实现由"传技型"体育教师向"建构型"体育教师的角色转变。通过与学校领导及同事的交流和沟通，初步构思体育课程实施的设想。

体育课程实施的准备工作主要包括学校课程方案和体育教学工作计划的制订。走向共同参与课程决策是当今世界课程改革的一个普遍趋势，这种趋势既体现在课程管理体制的变化中，也体现在课程方案的制订中。在新的课程管理体制中，国家、地方和学校各司其职、各负其责。

3. 运作与体验阶段

运作与体验是体育课程实施过程的核心环节，经由这一环节，体育课程的价值才能得以生成。运作是指教师的运作，体验是指学生的体验。教师运作的课程与学生体验的课程，既相互区别，又相辅相成。从体育课程实施的过程看，无论是以专家为主体设计开发的国家课程和地方课程，还是学校自行开发的校本课程，都必须经过教师的理解和运作才能转化为学生体验的课程。

教师的运作与学生的体验是高度统一的，这种统一的实质是交往与互动。当体育课程由高度统一走向民主共建，由封闭走向开放，由专家走向教师，由学科走向学生的时候，体育课程就不再只是"文本课程"，而是教师脚踏实地运作的课程，是学生实实在在体验到的课程。

（三）体育课程实施路径的基本要求

1. 正确解读国家体育课程的基本理念，明确学校体育课程的目标

在我国，教育部制定的体育与健康课程标准是经过一段时间的研究、实践和科学论证而形成的，从总体上看，具有科学性和可行性。不过，不要以为学校体育课程的开发就是体育教师忠实地执行体育与健康课程标准的简单的过程，因为在实施过程中必须有一个理解的过程，教师的课程实践行为总是建立一定理解基础之上的。

2. 充分调动课程资源，制订切实可行的实施方案

体育课程在学校层面实施的范围和水平，一方面，取决于课程资源的丰富程度，另一方面，取决于课程资源的开发和运用水平。虽然我国学校体育课程实施的条件得到了不断的改善，但仍然难以满足体育课程实施的需要。一方面，由于我国各地经济文化发展很不平衡，学校体育场地器材设施配备水平不一，城市与农村的学校体育场地器材设施配备差别很大。另一方面，从充分发挥现有体育场地、器材应有的作用，努力开发其潜在功能的角度看，体育场地器材资源的开发利用，对各种类型的学校来说具有重要的课程价值和意义。体育场地器材资源的开发与利用，主要有以下途径和方法：发挥体育场地器材的多种功能；制作简易器材；改造场地器材，提高场地利用价值；合理布局学校场地器材及合理使用场地器材等。

3. 课内与课外双管齐下，确保体育课程落到实处

尽管体育课的教学是实施体育课程的核心途径，但并不是唯一途径，体育课程的有效实施有赖于课程与课外双管齐下。近几年来，不少学校在体育课的教学中进行了积极的尝试，深化了对新课程的认识，为体育与健康课程标准的修订积累了宝贵的经验。然而，不能狭隘地把体育课程改革理解为体育课的改革，因为仅仅通过每周 2~3 节体育课很难实现体育课程目标，也无法达到教育部倡导的"每天锻炼 1 小时，健康工作 50 年，幸福生活一辈子"的要求。学校体育界对体育课程究竟是学科课程还是活动课程的看法并不一致，其实，以体育课形式出现的体育课程类似学科课程，而以课外体育活动形式出现的体育课程则属于活动课程。学科课程性质的体育课与活动课程性质的课外体育活动应齐抓并进，才能更有助于实现体育课程目标。

第四章　体育课程资源的挖掘与利用

第一节　体育课程内容资源的挖掘与发展

一、体育课程内容资源概述

（一）体育课程内容资源的概念

体育课程内容资源是一个比较复杂的概念，涉及以"课程""内容""资源"三个关键词为中心的许多相关概念与理论，只有对这些相关概念及理论有一定的认识与了解，才能清楚地掌握体育课程内容资源的概念。

1. 课程的定义

目前，对课程的定义主要有三种：一是课程即教学科目；二是课程即学习者的计划；三是课程即学习者在学校获得的全部经验，课程即社会文化的再生产。以上观点的不同主要源于对课程探讨的角度不同。虽然不能对课程下一个比较准确的定义，但可以从以下几个方面来把握课程概念。

首先，课程的目的是通过有计划的活动帮助学生主动地进行体验，学习理解系统的科学文化知识和掌握规范的技能，促进学生全面发展。

其次，课程不仅包括间接的系统的文化科学知识和规范的技术，还包括学生通过自我体验获得的直接经验。

再次，课程有计划的一面，也有经验的一面。没有计划不利于课程的实施，没有经验不利于学生个性的发展。

最后，课程是静态的和动态的统一，学生在学习过程中的经验是课程的一部分，而这一部分经过评价和系统的整理也可以丰富和发展间接经验。

因此，课程是指在学校指导下，目的在于促进学生全面发展的，具有教育性的活动和经验。这种相互适应的结构化教育活动的方案及其实施过程就是课程。

2. 课程内容的定义

对于课程内容的定义，国内课程论专家有着不同的表述方式，但是对课程内容的认识基本一致。国内课程论专家普遍认为，课程内容既应该体现学科知识的最新成果，又应该反映当代社会生活的经验，更应该与学习者的学习经验相结合。需要明确的是，无论是学科知识，还是当代社会生活的经验，都只有转化为学习者的经验，才可能成为相应的课程目标。

基于以上分析，课程内容定义综合为：课程内容是指根据课程目标从各种直接和间接经验中选择出来、经过加工处理后的知识经验体系。课程内容既包括了各门学科中特定的知识、观点、原理、问题、技能、情感、价值观以及处理它们的方式，又包含了当代社会生活的各种经验和学习者的学习经验。

3. 课程资源的定义

"资源"包含了两个方面的含义：一是指事物的来源。我们平常所说的能源资源、矿产资源等的表述中，"资源"的实际含义是指从事这些行业生产所必备的物质；二是指某种事物相对于另一些事物是不可缺少的，是满足其他事物所需要的条件。课程资源就是形成课程因素的来源。具体地说，就是人类在自然科学和社会科学诸多领域取得的一切成果。首先，它们或是为课程的价值取向提供指导，或是为课程的设计提供理论基础，或是直接成为课程内容；其次，课程资源是保障和满足课程活动进行的各种条件，也就是在课程实施过程中所需要的人力、物力、财力、时间等因素；最后，课程资源是无限的、丰富的，但对资源的开发和利用却是有限的，任何一种课程设计方案都应该是对课程资源选择的结果。

基于以上分析，课程资源可定义为：课程资源是指有利于课程实施与生成的各种因素与条件，其既包括了形成课程的要素来源，又包括了实施课程的必要而直接的条件。

4. 体育课程内容资源的定义

根据以上对课程、课程内容、课程资源定义的分析，体育课程内容资源可定义为有利于体育课程实施与生成的各种因素与条件。体育课程内容资源既包括形成体育课程内容的要素来源，如体育学科方面的知识、技能、经验、身体练习、活动方式与方法、情感态度和价值观以及体育培养目标等方面的要素，又包括了决定体育课程内容实施范围和水平的人力、物力、财力等要素，如体育场地、器材、体育师资等。

（二）体育课程内容资源的特点

1. 具体性

体育课程内容资源有具体性的特点，表现在：不同的地域，可开发利用的体育课程内容资源不同；在不同的文化背景下，人们的价值观念、道德意识、风俗习惯等具有各自的独特性，相应的体育课程内容资源亦各具特色；学校的性质、规模、办学条件等不同，其可以开发利用的体育课程内容资源也不尽相同；学生个体的家庭背景、身心发展水平、生活经历不同，可供开发利用的体育课程内容资源必然也是千差万别的。

2. 生成性

体育课程内容资源的开发是一个不断生成的活动，这不仅表现在体育教师在这一过程中不断进行创新、不断生成各种新的经验，而且体现在学生在此过程中也在不断进行自主的创新，他们通过自己的经验不断建构认识，并形成新的经验。这一过程中学生学习的过程性成果，中间生成物和学生的收获，自感自悟的成果等都是宝贵的体育课程内容资源，它们对学生的发展有着极为重要的推动作用。

3. 丰富性

在实际的教育教学过程中，可以开发利用的体育课程内容资源是多种多样的，不仅仅是教材，也不仅仅局限于学校内部，具有广泛多样的特点。体育课程内容资源的内容极为丰富，从所涉及的领域来看，既有体育领域的体育课程内容资源，也有非体育领域的体育课程内容资源如经济、医疗卫生、军事、文化、科技领域等；从内容结构来看，既有体育与健康方面的知识资源，也有社会生活经验及体育教师和学生的经验资源，还有各种各样的身体练习资源等。而单从身体练习所包括的范畴来看，又涉及竞技体育、群众体育、休闲、娱乐等多个领域的技能、技术与健身方法手段；从分布的空间和地域来看，既有校内的，也有校外的，还有民间的、乡土的、民族的体育课程内容资源等。

4. 价值潜在性

一切可能的体育课程内容资源都具有价值潜在性的特点。相当一部分体育课程内容资源在体育课程设计之前就已经存在，具有转化为体育课程内容的可能性，但还不是现实的体育课程内容，它们往往体现出一种潜在的价值，或可开发性的特点，只有经过一定形式的开发、利用和转化，才能成为有利于体育课程实施的基本条件。

5. 功能多元性

体育课程内容资源的功能多元性表现在：一方面，相同的体育课程内容资源，具有不同的用途、价值与功能，可以用于实现体育课程的不同目标。如野外活动，既可以开发出能发展学生体能的课程内容如远足、登山等，又可以开发出用于对学生进行野外生存教育的课程内容等。另一方面，不同的体育课程内容资源，可能具有相同的用途、价值与功能，可以用于实现相同的体育课程目标。也就是说，体育课程内容资源是可以相互替代的，如发展学生的耐力素质，可以长跑，可以打篮球，也可以骑自行车，还可以游泳等。教师要善于挖掘体育课程资源的多种利用价值，化腐朽为神奇，充分挖掘体育课程内容资源的潜在价值。

二、体育课程内容的分类与选择

（一）体育课程内容的分类

1. 运动参与类

主要指学生实际进行体育活动的状态。按人体参与活动的解剖部位分类，可分为上下肢运动、躯干运动、全身运动等；按人体参与活动的基本方式分类，可分为走、跑、跳跃、投掷、攀登、爬越、悬垂支撑和平衡、角力等；按参与活动的人数分类，可分为个人运动和集体运动等；按参与活动的情感分类，可分为接触与接受、爱好与兴趣、自愿与自觉、自信与表现等内容。

2. 体育知识与技术类

主要指间接的、传统的、科学的体育文化内容体系。按传统运动方式项目可分为球类、体操、田径、游泳、冰雪等；按运动与外界的关系可分为开放式运动和封闭式运动；按运动结果的判断标准可分为评分式、计数式、计时式、测量式等。

3. 体育活动经验类

主要指学生在体育活动过程中或结束后机体及心理的反应。按体育活动过程中学生素质发展情况分类，可分为速度、灵敏、力量、耐力、柔韧等内容；按体育活动过程中防病治病的效果分类，可分为养生、健身、防病、治病、康复等内容；按体育活动对人体新陈代谢的影响分类，可分为有氧运动和无氧运动。

（二）体育课程内容选择的标准

体育课程内容丰富多彩，如何在有限的精力和时间内，有效地实现体育课程目标，是课程编制者们十分重视的问题。于是，选择体育课程内容成为体育课程编制者们探索的一个重要环节。选择体育课程内容应考虑以下几个原则。

1. 符合课程目标要求

同一体育课程内容可能具有多种功能，不同的体育课程内容可能具有同一功能，但不同的体育课程内容对于实现课程目标的作用力度上是不同的。对于某一课程目标，选择合理有效的体育课程内容将事半功倍。有些研究者试着将体育课程内容按某些目标领域进行分类，目的就是为了让实践者容易选择出能有效完成目标的课程内容。如果某一体育课程内容是固定不变的，这种分类也许是可行的、必要的，但是课程内容是可以改造的、变化的，课程内容和功能是动态的。竞技运动教材化，就是一例。本来是竞技的内容，但经过体育教师的改造，也可以使其竞技项目的功能改变成促进学生健康的功能。所以，应根据课程目标要求，在分析不同课程内容的多种功能及对现实课程目标的作用基础上，科学地选择体育课程内容。

2. 适应学生的实际运动水平

课程内容过于简单，学生会感到枯燥无味，产生厌烦情绪；课程内容过于繁杂和高难，又容易使学生望而生畏、丧失信心。只有课程内容适应学生的实际身体活动能力和运动技术基础，学生通过努力能够完成时，学生才有信心，有努力的动机和愿望。

3. 符合学生的兴趣与爱好需要

兴趣与爱好是最好的教师，兴趣和爱好可以引导学生自主地参与体育活动，激发学生学习与探索体育知识和技术。一味地强调体育课程内容的科学性、系统性，把学生当成掌握三基的"工具人"和传承运动文化的"载体人"，忽视学生的兴趣和爱好，是对学生积极性、创造性的一种压抑。

4. 贴近学生生活

终身体育要求学校培养学生终生不间断地进行体育活动的能力。但如果学生走出校门，有条件在社区和家庭中参加体育活动时，不能利用学校学习的体育课程内容参加体育活动的话，只能说明学校体育并没有很好地奠定学生终身体育活动的基础。贴近学生社会生活，简便易行的体育活动内容容易走进学生生活中。

5. 与学校特点相适应

基础教育正在实施"国家、地方、学校"三级课程管理体制，充分利用学校的师资力量和场馆设施，开发校本课程是体育课程改革的要求。我国各地、各校体育课程资源十分丰富，差异也很明显，在选择教材内容和制定教学计划时，课程内容的选择应与学校的特点相结合，应有利于发挥本校的优势资源。

三、体育课程内容资源的挖掘

随着我国基础教育课程改革的力度不断加大，课程内容资源的重要性和价值亦伴随着课程改革的逐步展开而日益凸显。体育课程内容资源的挖掘无论在理论上还是在实践上，都将对体育教育的整体改革与发展产生重大而深远的影响。

（一）体育课程内容资源挖掘的主体

体育课程内容资源的挖掘是由多方面的人员共同努力完成的，如体育学科专家、教育行政管理人员、体育教师、学生、家长、学校行政人员、社区人士、运动员、教练员、其他学科方面的专家学者以及相关的机构等。每一个参与人员扮演的角色、承担的任务、发挥的功效都不相同。这其中，尤以体育学科专家、体育教师和学生的分量最重，因而这三者也被视为体育课程内容资源挖掘的主体。

1. 体育学科专家

体育学科专家一般具有较高的学历和职称，他们主要在高校或科研所从事学校体育或体育课程方面的教学及研究工作，并经过严格的专业训练，具有丰富的专业知识和经验，有较强的创新精神和较宏观的理论视野。体育学科专家的优势在于有比较高的教育学和体育学科方面的理论水平和科学研究水平，对国家的宏观教育政策理解得比较透彻，劣势是缺乏体育课程教学的实际操作经验。体育学科专家虽然不像体育教师那样亲临课程实施的第一线，但他们在体育课程内容资源挖掘中却起着非常重要的作用。具体来说，体育学科专家一般承担着以下挖掘体育课程内容资源的任务。

（1）编写体育教材

编写体育教材是体育学科专家开发体育课程内容资源的主要任务之一。编写体育教材是一项复杂、艰巨的系统工程，既涉及编写的指导思想、编写原则、标准等宏观问题，也涉及教材的版式结构、呈现方式等微观问题。体育专家凭借自身丰富的专业知识和经验，能够对体育教材进行科学、合理的安排。

（2）挖掘和整理体育课程内容资源

挖掘、整理体育课程内容资源是体育学科专家义不容辞的责任。体育学科专家应充分发挥自己的优势，从我国的国情和学校体育的实际出发，有意识地对一些体育课程内容资源进行开发。现阶段体育学科专家的工作重点是：第一，研究不同年龄学生身心发展的特点和各种体育课程内容资源的主要价值与作用，开发出育人价值高、适应性和趣味性强的体育课程内容；第二，研究国外体育课程内容资源开发的相关成果，特别是关注国外学校流行的新兴运动项目，并结合我国具体实际进行改造、推广；第三，与中小学体育教师合作挖掘和整理一些有着地方和民族特色的体育课程内容资源。

（3）指导体育课程内容资源的挖掘

体育学科专家理论水平高、科研能力强，因而可以在宏观与理论层面对体育课程内容资源的挖掘工作进行指导。体育学科专家应积极投身于体育课程资源挖掘的实践，从中发现问题，总结经验，进行理论抽象和概括，以形成体育课程内容资源挖掘的一般规律，用以指导体育教师进行体育课程内容资源的挖掘工作。另外，体育学科专家还可以通过各种形式，定期对体育教师进行培训，为体育课程内容资源挖掘培养骨干力量。

2. 体育教师

教师是课程实践的核心人物，他们在课程实施中扮演着主要角色。同样，体育教师在体育课程内容资源挖掘过程中也起着核心作用，这不仅因为体育教师是体育课程的具体实施和操作者，还在于体育教师本身所具有的知识与技能、过程与方法、情感态度与价值观等都是最宝贵的体育课程内容资源。相较于体育学科专家，体育教师具有其独特的优势：首先，他们与学生接触更广泛，熟悉学生的个性差异和日常交往行为，也最了解学生的想法和感受；其次，他们掌握着体育课程实践的第一手资料，而这正是体育学科专家所非常缺乏的。体育课程内容资源开发的效果，在很大程度上是由体育教师所决定的。体育教师在体育课程内容资源的挖掘中承担着以下任务。

（1）对体育教材进行二次开发

教材是重要的课程内容资源，但并不是唯一的课程内容资源。体育教材也是如此，虽然它是体育学科专家根据课程标准和一定原则编选的，但要进入体育课程成为具体的体育课程内容，还必须经过体育教师的再次和多次开发。

（2）积极挖掘特色性强的体育课程内容资源，并将挖掘成果系统化

体育教师要在教学实践中根据实际需要不断挖掘其他各种体育课程内容资源，特别是具有地区特色、民族特色、学校特色和学生特色的体育课程内容资源，将这些资源转化为各种内容新颖、形式多样、特色突出、适应性和操作性强的体育课程内容。另外，体育教师还要加强对体育课程内容资源开发实践成果的总结，使开发成果系统化，并争取在此基础上编写出具有校本特色的体育教材。

（3）指导学生进行体育课程内容资源挖掘

学生也是体育课程内容资源挖掘的主体之一，但是学生对于如何挖掘、怎么挖掘体育课程内容资源并没有清晰的认识。因此，体育教师必须要向学生提供必要的指导和帮助，成为学生开发体育课程内容的引导者和服务者。不仅要帮助学生掌握体育课程内容资源开发的方法和手段，而且还要引导学生走出体育教材、走出课堂、走出学校，在社会的大环境里学习和探索各种体育知识和方法。

（4）总结与反思体育教学活动

体育教师对体育课程内容资源的开发，在很大程度上源于对体育教学活动的自我总结，源于对体育课堂中各种情况的思考。体育教师要善于通过课后教学记载、通过与他人交流教学心得、通过自我反思，从实践中总结出有利于体育课程内容资源开发的各种经验。

3. 学生

学生是教育的对象，更是一种重要的教育资源。作为课程的主体，学生还是特殊课程内容资源的挖掘者。这可以从两个方面来理解：首先，学生的生活经验是课程的重要依据，课程编制的一切活动都是建立在这个基础之上的；其次，学生在课程实施过程中并非被动地接受，而是主动地参与，课程本身具有"过程"和"发展"的含义。以学生为主体挖掘体育课程内容资源，其挖掘的广度、深度及相应的效果主要取决于两个基本因素：一是学生本身所拥有的经验基础，二是体育教师对学生的帮助与指导。学生挖掘体育课程内容资源的任务主要有以下几点。

（1）达成学习目标

与体育学科专家和体育教师不同的是，学生挖掘体育课程内容资源的真正目的并不在于获得一些可供体育教师参考的体育课程内容，而在于使学生获得学习的方法，学生挖掘体育课程内容资源的过程实际上就是实现学习目标的过程，学习目标是学生挖掘体育课程内容资源所要完成的基本任务。

（2）促进学习方式的转变

促进学习方式的转变也是学生挖掘体育课程内容资源需要完成的重要任务。以学生为主体进行体育课程内容资源挖掘，是对传统的学习方式——接受性学习的挑战，通过主动参与体育课程内容资源挖掘，学生懂得如何主动地去学习，懂得如何进行合作学习和研究学习，从而真正改变课程实施中过分依赖教材、过于强调接受学习和死记硬背的现状。

（3）促进经验的不断生成

从表面上看，课程是由特殊的社会成员设计的，但深层次上，课程是由学生来创造的。课程实施不是课程设计者为学生预设的发展路径，学生也并非完全是通过对成人生活方式的复制来成长的，他们在与课程的接触过程中，时刻用自己独特的眼光去理解和体验课程，并不断创造出鲜活的经验，而这些鲜活的经验又是课程重要的组成部分。从这个意义上来说，以学生为主体挖掘体育课程内容资源，也要实现这个任务——学生在体育课程内容资源的挖掘过程中，不断地利用自己已有的经验，不断分享他人的经验，并不断生成新的经验。

（4）挖掘新的体育课程内容资源

尽管以学生为主体挖掘体育课程内容资源的根本目的不是获得各种体育课程内容，但学生所挖掘的体育课程内容资源在体育教师的指导下，可以经过进一步加工和筛选，形成一些具有学生特点的、有代表性的体育课程内容资源库。一方面，可以为体育教师指导学生进行体育课程内容资源挖掘提供参考；另一方面，体育教师也可从中选择部分内容，运用到体育课程的具体实施中。

（二）体育课程内容资源挖掘的范围

体育课程内容分为二类，即运动参与类、体育知识与技术类、体育活动经验类。简要来说，这三者分别代表的元素即身体练习、知识、经验。身体练习、知识、经验不仅是体育课程内容的主要元素，也是体育课程内容的主要来源，相应地，身体练习资源、知识资源、经验资源也是课程内容资源的主要来源。体育课程内容资源的挖掘即应在这个范围内进行。

1. 身体练习资源

身体练习是体育课程的主要内容。与其他文化课不同的是，体育课程学习的结果主要表现在体能的增强、运动技能的掌握和行为态度的改变等方面，必须通过学生亲身参与各种运动实践才能实现。这就决定了体育课程各种教和学的内容，主要由各种形式的身体练习所组成。因此，身体练习资源在体育课程内容资源体系中亦占有非常重要的地位，是我们要重点挖掘的体育课程内容资源。体育课程内容的身体练习资源主要由单一动作结构的身体练习资源、组合动作结构的身体练习资源、活动性游戏资源和运动项目资源四个方面构成。

（1）单一动作结构的身体练习资源

单一动作结构的身体练习，特点是动作简单、环节少、要素单一、时空条件变化小，主要包括了一些基本的运动动作，如走、跑、跳、投等，它们是构成后三类身体练习——组合动作结构的身体练习、活动性游戏和运动项目的基础。

（2）组合动作结构的身、体练习资源

将各种单一动作结构的身体练习组合在一起，便构成了组合动作结构的身体练习。组合动作结构的身体练习资源是非常丰富的，体育课程中大量的内容实际上是由这类练习组成，因此具有非常大的开发潜力。

（3）活动性游戏资源

游戏不仅是学校教育的重要内容，也是学校教育的重要方法和手段。活动性游戏的数量非常多，而且新的游戏还在源源不断地被创编出来，这为体育课程提供了一个巨大的资源库。

（4）运动项目资源

运动项目是身体练习的高级表现形态。运动项目特别是竞技运动项目与学校体育课程有着非常密切的联系，从近代体育课程的发端到今天，各种运动项目一直就是体育课程的主要内容。运动项目的种类非常之多，是课程内容资源挖掘的宝库。

2. 知识资源

体育课程内容的知识资源主要源自：体育学科的知识体系。因此，根据体育学科的知识体系，我们可以将体育课程内容知识资源分为三大类：体育基本理论知识资源、运动项目知识资源和健康知识资源。

（1）体育基本理论知识资源

体育基本理论知识资源主要涉及体育的一些基本原理方面的知识，主要源自体育人文和社会学方面的学科知识，如体育的学科基础、体育与社会发展的关系、体育的发展、体育与人的发展关系，等等。

（2）运动项目知识资源

运动项目知识资源主要涉及各个运动项目的基本理论知识，如各运动项目的运动技术、战术原理、比赛规则、训练方法等。

（3）健康知识资源

体育课程所涉及的健康知识主要有三个基本来源：一是体育自然科学学科方面的知识，如运动解剖学、运动生理学、运动保健学、学校卫生学、体育测量与评价等；二是医学学科方面的知识，如卫生学、保健学、营养学、体质测量与评价学、中医学等；三是心理学方面的知识。

3. 经验资源

每个个体在成长的过程中，总是不断地接受外部环境的刺激，并体验外部事物，形成经验。学生经验的获得，与其生活环境（包括自然环境和社会环境）是密不可分的。在社会环境中，家庭、社区和学校对学生经验的形成有着非常重要的影响。体育课程所涉及的学生经验资源大致包括了学生的家庭生活经验资源、社区生活经验资源和学校生活经验资源三个方面。

（1）家庭生活经验资源

学生的家庭生活经验是多方面的，而与体育课程有关的主要表现在以下几个方面。

第一，家庭游戏、娱乐及运动设备使用经验。

第二，学生个人游戏、娱乐及运动活动经验。

第三，家庭成员共同游戏、娱乐及运动活动经验。

（2）社区生活经验资源

社区为人们提供了社会交往的组织空间和地理的活动空间，人们的日常生活，大都是在一定的社区范围内进行的，社区对人的思想观念、行为规范、生存和发展等方面有着重要的影响。社区同时也是学生生活的重要空间，他们在社区的活动是丰富多彩的，社区生活经验构成了其经验的重要组成部分，具有非常重要的开发价值。可以作为体育课程内容资源开发的学生社区生活经验主要有以下几个方面。

第一，社区娱乐、游戏和运动活动经验。

第二，社区娱乐、游戏和运动环境经验。

第三，社区交往经验。

第四，社区文化活动经验。

（3）学校生活经验资源

对于学生来说，由于学校生活的时间非常长，因此学校生活经验对他们的成长有着重要的意义。可以作为体育课程内容资源开发的学生学校生活经验主要有以下几个方面。

第一，学校娱乐、游戏和运动环境经验。

第二，学校娱乐、游戏和运动活动经验。

第三，学校体育社团活动经验。

第四，学校交往经验。

（三）体育课程内容资源挖掘的方法

挖掘体育课程内容资源的方法有很多，概括起来主要有筛选、改造、整合、拓展、总结五种。

1. 筛选

筛选是指按照一定的标准从大量的体育课程内容资源中，选择出合适的体育课程内容的方法。就使用的对象来说，体育学科专家、体育教师和学生在体育课程内容资源挖掘中都可以运用这种方法。但相对来说，体育学科专家在编写体育教材时、体育教师在确定体育课程内容时运用这种方法比较普遍，而学生则使用得比较少。筛选的一般步骤如下。

（1）开列内容清单

尽可能地将所要挖掘的体育课程内容相关资源列出来，以供选择。

（2）确定选择标准

选择标准因挖掘主体、挖掘目的的不同而在具体内容上有所差异，但一般要考虑国家的教育和体育政策、学校体育的指导思想和目标、体育课程标准、学校的体育环境、师资、体育教材、学生的特点、具体的课堂教学目标等因素。

（3）按照选择标准筛选出合适的体育课程内容

值得注意的是，为了避免筛选法的缺陷，在实际的体育课程内容资源挖掘过程中，还要尽可能地将筛选法和其他方法结合起来运用。

2. 改造

改造是指根据体育课程具体实施的对象和条件等特点对原有体育课程内容资源的某个

构成要素进行加工、变化、修改。改造是体育课程内容资源转化为体育课程内容的基本途径。改造方法的主要使用对象是体育学科专家、体育教师以及具有一定改造体育课程内容资源能力的学生。从各个体育课程内容资源挖掘主体的不同特点来看，使用改造法最频繁的是体育教师，为了提高体育课程内容的适应性和可操作性，他们时刻要根据学校条件、自身特点，学生的兴趣、爱好及身心发展特点等，对各种体育课程内容资源进行改造，以适应具体的体育课堂情境。改造的一般步骤如下。

（1）分析学生的特点和学校的条件

如分析学生的年龄、性别、兴趣、爱好、生理发育特点、心理发育特点、生活经验基础以及学校的场地、器材设备条件等，通过分析，确定改造的具体内容和方式。

（2）改造体育课程内容资源的构成要素

体育课程内容资源都是由一定的基本要素所构成。例如，身体练习就是由练习方法要素、环境要素、人与人及人与环境关系要素、比赛规则要素等构成的，改造实际上就是对这些要素的不断变化、加工和修改。对某个具体的体育课程内容资源而言，从中提取一些要素，改变一些要素，增加一些要素或舍弃一些要素就可以形成一个新的体育课程内容。

改造不是随意进行的，必须遵循一定的原则，才能保证改造的合理性与科学性。一般来说，改造需要遵循以下原则。

①趣味性与游戏性原则。对所改造的体育课程内容资源尽可能揉进一些趣味性、游戏性、情节性的要素，使学生爱学、愿学、乐学，特别是对一些比较枯燥、单调的身体练习资源的改造。

②教育性与文化性原则。尽可能地挖掘体育课程内容资源中的教育性和文化性因素，突出体育课程内容的健身、育人和文化价值，使学生在运动活动中受到教育，并了解与掌握各种形态的体育运动文化，包括民族传统体育文化等。

③适应性与可行性原则。所改造的体育课程内容资源要尽可能满足学生的体育需要、适应学生身心发展的特点和学校场地器材等条件，并具有可行性。

④生活性与实用性原则。所改造的体育课程内容资源要尽可能地贴近学生的现实生活，尽可能地使体育课程内容与学生的日常生活相联系，并能够在他们的日常生活中发挥作用。

（3）重构与修改

重构与修改即对改造后的体育课程内容资源进行重新构建，运用于体育课程的课堂实施，在了解其效果和存在的主要问题后，并进行适当修改，为下一轮实施提供参考。

3. 整合

整合是指将各种体育课程内容资源的某些要素通过一定的方式有机地结合在一起，从而形成新的体育课程内容的方法。就挖掘主体而言，使用整合方法的主要是体育学科专家和体育教师，学生在体育教师的指导下，也可以采用这种方法进行体育课程内容资源的挖掘。整合的一般步骤如下。

（1）确定整合的主要目的

采用整合的方法进行体育课程内容资源开发，一般有以下几种目的：一是为了发挥体育课程内容的多种教育功能；二是为了增加体育课程内容的趣味性；三是为了提高体育课程内容的适应性。不管是为了何种目的进行体育课程内容资源的整合都必须要明确。

（2）分析体育课程内容资源的要素特点，确定整合的方式

体育课程内容资源的各要素之间有多种整合方式，因此，有必要对整合的要素进行精心选择和设计。

（3）对体育课程内容资源要素进行整合

在整合之前，还要运用改造方法对一些要素进行必要改造，以便使整合后的体育课程内容具有更强的适应性和可操作性。

（4）检验与修改

将整合后的体育课程资源内容通过教学等途径实施，以检查其可行性并发现存在的问题，然后再做一定的修改和调整。

4. 拓展

拓展是指对原有的体育课程内容资源在形式、具体内容及功能等方面进行扩展、补充，使体育课程内容在具体内容和形式上更加完整，在功能上更加全面的方法。体育学科专家、体育教师、学生皆可以使用拓展方法进行课程内容资源挖掘。拓展的一般步骤如下。

（1）分析体育课程内容资源的性质和特点

即分析各体育课程内容资源的内容结构、呈现方式、主要功能等方面的特点，以便为如何对该内容进行拓展提供依据。

（2）寻找拓展的空间

即考虑从哪些方面进行拓展，是进行内容结构拓展，还是呈现方式或主要功能的拓展等。

（3）尝试对体育课程内容资源进行拓展

拓展时要充分利用学校、社区和家庭的各种条件，如图书馆、资料室、网络、书店等，并注意对拓展的内容进行必要筛选、改造，使其具有可行性和可操作性。

（4）整理、实施与总结

对拓展后的内容通过课堂教学实施，并对实施的情况进行总结，还要分门别类进行整

理，有些内容可以作为资料长期保存，有条件的还可以建立相关的资源库。

5. 总结

总结是指对体育课程内容开发实际中的各种经验、成果等进行回顾、分析和反思，以归纳出具有典型意义的体育课程内容方法。在体育课程内容资源的挖掘中，总结既是一种挖掘方法，也是挖掘过程中的一个重要环节。体育学科专家、体育教师、学生皆可以运用总结方法进行体育课程内容资源挖掘。总结的一般步骤如下。

（1）反思开发过程

反思开发过程即对体育课程开发过程中的各种经验、心得、教训等进行反思和回顾。反思要尽可能详细，以便能从中发现一些有价值的经验。

（2）形成文字材料

在反思的基础上，把反思的结果用报告、小论文、学术论文及专著等形式反映出来。

四、体育课程的科学管理与发展

（一）体育课程的科学管理

体育课程的科学管理主要从宏观与微观两方面入手。

1. 课程的宏观管理

（1）体育课程目标管理

课程目标指明了学校体育课程的发展方向。当前，我国学校体育课程逐渐形成了高等学校体育课程目标体系和中小学体育课程目标体系两大体系，目标趋于多样化和人性化。

（2）体育课程设置管理

体育课程设置管理是指对各个阶段体育课程的设立和安排。课程设置主要规定体育课程的学时分配、安排顺序、课程内容及其结构。宏观管理中的课程设置体现了教育行政部门对体育课程的总体部署。体育课程内容的安排应遵循学校体育的要求，符合学生身心发展的规律，总体上把握以下原则。

①综合性原则。体育课程的内容非常丰富，选择内容时，应该体现综合性原则，努力做到"三个结合"以实现体育课程目标：一是促进理论课程与实践课程相结合，使学生不单学习到体育知识，还要练习运动技能；二是促进课堂教学与课外活动相结合，使课堂学习内容在课外活动中得到广泛应用；三是校内和校外有机结合，学校内学习的知识技能能够在校外练习、运用，校外学习的内容能够在学校得到分享和深化。

②自主性原则。自主性原则是指学校体育内容的选择应该发挥学生的自主性，体现教师的主导性。尤其是高等院校的体育课程，应该给予学生自主选择课程内容、自主选择授

课教师及自主选择活动时间的权利。

③适应性原则。体育课程的内容应该适合不同年龄段学生身心发展的特点，激发学生的学习兴趣。体育课程的内容应适应本地区的特点，体现地方特色，充分利用学校的体育资源，结合体育师资情况和体育场馆特点，能够较为方便地开展课程。体育课程的内容应适应不同的学生群体，对身体有缺陷的学生，开设康复和保健为主的体育课程。

④创新性原则。体育课程内容应与体育学科发展相适应，反映学科研究的新进展和新成果，体现体育现代化和生活化趋势，引进现代化的课程内容；反映体育服务于生活、体育服务于健康的要求，且选择的运动项目能够便于开展和练习。这就要求体育教师一方面要引进先进的课程内容，另一方面要善于创新，创造性地构建一些新颖的课程内容。

⑤科学性原则。体育课程内容应该符合体育发展的规律，符合教育规律，科学地进行选择和安排。选择和安排体育课程内容应该体现体育教学的研究成果，做到大、中、小学体育教学内容的科学衔接和合理递进，遵循学生身心发展规律，满足学生的兴趣爱好，充分发挥学生的积极主动性。

⑥实效性原则。体育课程内容应将"以人为本，健康第一"作为指导思想，符合《学校体育工作条例》的要求，体现体育课程的目标，反映《国家学生体质健康标准》的内容，切实通过课程内容增强学生体质，促进学生身心健康。

⑦民族性原则。体育课程内容应该继承和发扬我国民族传统体育的精华，利用民族体育项目资源，结合地区和学校的特点，传承优秀的民族体育文化，体现学校体育内容的民族化特点。

（3）体育教材管理

体育教材是实现学生体育课程目标的内容载体，包括教科书、教师用书以及各种课程资源转化而成的教材，涵盖电子、音像教材和图册。我国对体育教材的宏观管理分为两个方面：一是对中小学体育教材的管理，二是对高等学校体育专业教学和公共体育课教学的教材管理。

①中小学体育教材的管理。我国中小学体育教材的管理工作由教育部直属业务指导机构——全国中小学体育教学指导委员会负责，其职责包括对体育学科（课程）的教学、科研、管理及教材建设进行调查研究，收集和反映本地区中小学校师生对体育课程的实施及教材的使用等方面工作的意见和建议。在机构设置上，教育部曾先后设立了"全国中小学教材审定委员会""国家中小学体育与健康课程教材审定委员会"等教材审定机构，对全国的中小学体育教材实施审定工作，以此为抓手实施教材管理。

②高等学校体育专业教学和公共体育课教学的教材管理。高等学校体育专业教学和公共体育课教学的教材管理工作由全国高等学校体育教学指导委员会统一组织和负责，其职

责明确规定：全国高等学校体育教学指导委员会负责评价、审定高等学校公共体育课和体育教育专业各门课程的教材。

（4）体育课程评价管理

体育课程评价是指根据一定的评价标准，系统地收集体育课程计划、实施和结果的相关信息，采用各种定性、定量的方法，对体育课程的有关问题做出价值判断并寻求改进途径的一种活动过程。根据评价对象的不同，可以将体育课程评价分为教学评价、学习评价和课程建设评价三种类型。

①教学评价。教学评价的内容主要包括教师的业务素养和体育教学。业务素养包括职业道德、教学能力、专业素质和科研能力；体育教学包括教师工作量、教案、教法、教材、课程内容和教学效果等。

②学习评价。学习评价的内容主要包括学习过程和学习效果两部分。学习过程的评价主要包括学习的态度、投入程度和学习行为的评价。学习效果的评价主要包括体育知识、体育技能、体能和《国家学生体质健康标准》达标率的评价。学习评价应有所侧重，注重与教学过程密切相关的学习态度和行为，既评价运动技能又评价参与程度，既评价学习过程和进步幅度又评价最终成绩。评价中要考虑学生的年龄和生理特点，根据对象的不同选择适宜的评价方法。

③课程建设评价。课程建设评价的目的是评估学校体育课程建设与开发情况，找出存在的问题和不足，及时调整课程建设策略，提高体育课程的科学性和合理性，以更好地实现学校体育的目标。课程建设评价的主要内容包括课程结构体系、课程内容、课程教材、课程管理、课程保障措施和课程目标的达成度。

2. 课程的微观管理

体育课程的微观管理是指学校对体育课程的管理，是学校贯彻落实国家体育课程标准和地方体育课程实施方案，结合本校实际情况，编制本校体育课程计划、实施体育课程教学的活动过程。微观管理包括体育课程的计划、组织、控制和创新。

（1）体育课程计划

体育课程计划是对各个阶段学生体育课程的规划安排，根据学习阶段分为小学体育课程计划、初级中学课程计划、高级中学课程计划和高等学校体育课程计划。根据时间分为学段计划、学年计划、学期计划、单元计划和课时计划。

（2）体育课程组织

体育课程组织就是对体育课程的实施进行相应的组织设计，以保障体育课程顺利开展。体育课程组织需要按照以下步骤展开。

①设立学校体育课程管理机构和教学研究机构，并对学校体育人力资源进行合理的分

配，依照岗位职责开展工作。

②确定体育课程编班方式，根据体育课程教学规律，结合学生的身心特点进行编班，并确定班级数量。

③制定学校体育课程的规章制度，编制体育课程表。规章制度包括课堂常规、考勤制度、器材管理制度、科研制度和考试制度等；编制课程表要合理安排体育课时间、课次间隔和课程内容。

④组织实施备课和上课。

（3）体育课程控制

体育课程控制就是对学校体育课程的实施进行监控，以保证学校体育课程目标的实现。体育课程控制要严格根据学校体育课程计划，开展听课、检查、汇报等方式衡量学校体育课程教学，评估体育课程教学效果，以确定学校体育课程的执行是否存在偏差。如发现问题，要及时调整，以保证课程的效果。控制的主体是学校体育工作主管领导或者体育学院（系、部、室、组）的负责人，控制的对象是体育课程，相关人员包括体育教师和学生，控制的关键点是体育课程的质量。控制可以依据体育课程宏观管理中的教学评价、学习评价和课程建设评价，体育教师也可以通过自评发现学校体育课程存在的问题，进行自我督促和改正。

（4）体育课程创新

体育课程创新是指用新思维、新方法转变学校体育课程资源的整合范式，更好地实现学校体育课程的目标。体育课程创新的内容主要包括课程内容创新、课程设置创新、管理方式创新等方面，集中体现为体育课程资源的建设与开发。体育课程资源包括人力资源、物力资源和内容资源三个方面的内容。

①体育课程人力资源的建设与开发。人力资源建设与开发应该提高教师的业务素养和教学能力，发挥教师的主导作用，调动辅导员、班主任和学校医生等相关人员的积极性，使他们积极参与学校体育课程管理，使体育课程得以顺利实施，另外要提高学生主动性和创造性，展示学生在体育课程中的主体作用。此外，还应善于借助校外人力资源，调动家长、社会体育指导员的力量，参与学校体育课程建设。

②体育课程物力资源的建设与开发。体育课程的物力资源是指开展体育课程所需要的体育场馆、器材、运动服装等物质性资源。

③体育课程内容资源的建设与开发。体育课程内容资源建设与开发需精选现有内容、改造运动项目、引进新兴项目、开发民族与民间项目及参与校外体育活动。精选现有内容是指体育教师根据前期学校体育课程的内容，结合统计资料，选择受学生欢迎、效果明显、易于开展的课程内容，不断加以完善巩固。改造运动项目是指对各种运动项目的规

则、器材、技战术进行改造，使其适合不同阶段学生的特点和需要。引进新兴运动项目是指结合学校教师、体育场地器材以及学生的情况，引进新兴运动项目，如轮滑、拓展训练等。开发民族与民间项目是指适当开发和引进民族与民间项目，丰富体育课程内容。参与校外体育活动不但能够提高学生体育锻炼的兴趣，而且能有效地培养学生的社会适应能力。校外体育活动较多，包括社区体育活动、少年宫体育活动、体育俱乐部活动、体育培训活动、夏（冬）令营和地方特色活动等。安排校外体育活动，不仅要保障学生的安全，而且要易于实现体育课程的目标，并取得学校相关部门的配合与支持。

（二）体育课程管理的发展

体育课程管理在今后的发展中，仍需坚持国家课程的统一引领，从而建立地方和学校的特色体育课程。

1. 继续巩固国家课程的宏观指导作用

体育课程是学校体育工作的主要方面，国家应从素质教育和学生全面发展的角度，保持体育必修课的地位，适当提高体育课时。为更好地发挥国家的宏观指导作用，要在实践中检验《体育与健康课程标准》和《全国普通高等学校体育课程教学指导纲要》的落实情况，加强课程指导，以完善的课程目标体系引导学校体育教学工作，指引学校体育课程的正确方向；要科学指导学校体育课程设置，促进学校体育课程的内容更加丰富和完善，使课程结构更加合理，课程更能适应学校和学生的需求；国家要从整体上规划大、中、小学的体育课程内容，做到大、中、小学体育课程内容的有效衔接和培养层次的递进性；要继续开展教材评审工作，鼓励编写实用的优秀教材，保证学校选用质量高、实用性强的教材；要做好体育课程评价工作，从教师教学、学生学习、课程开发等角度评估学校体育课程，及时反馈课程效果，适时奖励优秀学校，促进学校体育课程目标的实现。

2. 逐渐优化体育课程的微观管理

微观管理是落实体育课程的主要途径。在微观管理方面，要做到合理设置体育课程、大力开发体育课程资源、科学开展体育课程评价、建立学校体育课程系统。

（1）合理设置体育课程

合理设置体育课程，一要优化体育课程内容，二要合理组织体育课程。优化体育课程内容要改变传统竞技项目为主的课程内容，选用和开发适应本地特点、学校资源和学生兴趣爱好的课程内容，促进教学内容的多元化和科学化，建立合理的课程结构，做到因材施教，适应不同学生的需求。

（2）大力开发体育课程资源

学校体育课程管理应十分重视课程资源开发，应大力开发学校人力资源、物力资源和课程内容资源，引进新课程，建立有效的资源整合范式，发挥各种资源的合理作用，促进学校体育课程的微观管理。

（3）科学开展体育课程评价

体育课程评价体系应改变单一的评价模式，采用综合评价，注重学生个体的成长。评价内容要涵盖运动参与、运动技能、身体素质、心理健康和社会适应能力五大领域。评价时，要考虑到学生的个体差异性，综合考虑学生的个人情况，将进步幅度等过程性评价内容纳入评价体系。

（4）建立学校体育课程系统

加强学校体育课程管理，要借助于现代化的信息手段，逐步在各级各类学校中建立学校体育课程系统，该系统应具备以下功能。

①备课。将课程标准、教学计划汇总到系统平台上，通过平台显示出可以利用的教室、场地、器材等资源的状况，为体育教师备课提供帮助。

②选课。把体育课程分为必修课和选修课，打破传统的编班方法，让学生根据自己的个人爱好选择相应的课程，体现学生的主体性。选课的结果会体现出学生对课程爱好的差异性，并反馈给体育教师，从而促进体育教师不断创新课程内容，建设更有吸引力的体育课程。

③评课。课程结束后，学生可以登录系统对所选课程进行评价，从而帮助体育教师改进教学，选择合适的教学内容。通过选课和评课两个环节，可以淘汰得分较低的课程，促进课程的完善和教师水平的提高。

④成绩查询。在课程系统中要建立综合评价体系，科学评价学生的体育学习表现，用成绩激励学生参加体育课程。

第二节　体育课程教学资源的开发与利用

体育课程资源既不同于一般社会资源，也不是现实的体育课程成分或运作条件，而仅仅是一种潜在形态。只有经过体育课程实施主体自觉能动地认定、开发，利用和管理，才能具备体育课程潜能，进而转化为体育课程或课程实施的组成部分。为此，只有在对体育课程资源加以明确界定和把握其特征及分类的基础上，才能准确地对客观、原生的资源赋值，也才能够对体育课程资源进行深度有效的开发和利用。

一、体育课程与教学资源的开发与利用

（一）体育课程与教学资源开发与利用的意义

1. 有利于激发学生学习体育的兴趣

体育课程所具有的独特性质，使其拥有丰富的课程资源。现代体育教育理念大力提倡家庭体育、社会体育和学校体育为一体。"绿色体育""阳光体育""社区体育""野外生存生活训练"等课程形成，以其形象、具体、生动活泼和学生能够亲自参与等特点，给予了学生多方面的信息刺激，加之许多内容贴近学生、贴近生活、贴近社会，丰富了体育课的内容和情趣，使学生能够在轻松高雅的学习活动中掌握知识技能。生动的课程教学资源无疑将会激发学生的体育兴趣，这是传统单一的课程教学资源所无法比拟的。

2. 有利于促进教学策略的根本转变

近年来，教学策略的转变体现在人本主义与认知结构理论的学生自觉学习取向，即在教师引导下发现学习。而体育的教学资源首先应该是为学生服务的，丰富的教学资源对学生的学习过程、学习方式、学习能力培养等方面所产生的影响最有意义。

（1）为学生提供体育学习的材料，有利于达成学习目标

过去，学生完成体育课的任务大致过程如下：利用体育课从老师那里"听"或者"看"——完成老师布置的课堂练习——掌握知识或技能。如果学生课上掌握不了，还想进一步学习，下课以后他们可能就不再有机会，因为教师的授课常常是一次性的。这在某种程度上，可以说是传统教学的一个弊端，忽视了如果学生没有掌握学习的内容，教师是否能给学生提供有效帮助的问题。有效帮助的途径之一就是给学生提供丰富的教学资源，由于体育课程具有健身性、挑战性、终身性的特性，因此，学生随时方便地使用充足的教学资源就显得尤为重要。

（2）改进学生的学习方式，提高体育学习的效率

为学生提供丰富的教学资源，不仅可以帮助学生完成教学任务，更深刻的意义在于逐渐培养学生独立学习的意识、能力和习惯。学生在体育课上学习练习的机会是有限的。课上他们没有掌握的知识与技能，课后他们完全可以重新学习一遍，实际上他们经历了是一次自主学习的过程，这种自主学习的过程如果没有充足的教学资源做后盾，是很难实现的。除了自主学习外，教学中教师还可以利用提供教学资源的方式，指导学生学习新知识，掌握新技能。在我国近几十年的学校体育改革中出现的快乐体育、探索学习、合作学习、课内外一体化等教学实验就是从让学生直接利用体育教学资源入手，不再依赖教师和教材，成为有一定独立学习能力的人。

3. 有利于激发学生学习体育的兴趣，便于发展体能与运动技能

随着人类期望寿命的延长和余暇时间的增加，终身体育的问题也日益引起社会的重视。当代学校体育构建内容体系的时候更多地将学生的发展放在中心地位，逻辑的起点不应是"要求学生应掌握什么体育科学知识供其考试来用"，而应是"通过体育学习学生获得了什么对他现在及将来生活有用的知识"。学校体育目标、学校体育思维方式的转变势必引领课程标准和课程内容。

开发利用体育课程教学资源与学生生活的密切联系，才能使学生认识到体育课程和终身体育的联系极其重要。丰富的课程教学资源让课程内容变得更具有弹性，不再局限于传统意义上的课本上的教材内容，教学资源是鲜活的，实现了从呆板的课本走向课外、校外、社会、野外延伸。尤其伴随学生自主选择的空间不断扩大，体育课程目标的达成也不再是天方夜谭。

目前，基础教育领域，体育教师利用开发体育课程教学资源对传统的竞技性运动项目进行不同程度改造，使体育课堂生活意义和健康意义更为突出。

4. 有利于学生主体意识的形成和终身体育能力的培养

体育课程资源是实现课程目标的基本条件。科学、合理、创造性地开发课程资源，有利于实现和更新体育与健康课程内容，体现时代性、选择性和民族性。

（1）提高学生的综合素质及能力

有学生参与的课程资源开发不仅解决了场地器材问题，还提高了学生的实践能力，有利于突破学科界限，提高学生的综合素质，发挥体育在素质教育中的特殊作用。

（2）提高学生体育兴趣，为终身体育打下了基础

一般来说，学校体育是终身体育的基础，只有保持和激发学生的运动兴趣才能使学生自觉、积极地进行体育锻炼。学校在课程资源开发过程中改以往由教师一人独揽为学生主动参与，通过对比课程资源开发前后的情况，发现学生对参加体育锻炼的兴趣有了明显的变化。可见，学生积极参与课程资源开发提升了他们对体育的兴趣，最明显的变化是学生养成了经常参加体育锻炼的习惯，为终身体育打下了良好的基础。

（3）提高体育与健康课的教学质量

课程资源开发是实现学习目标的重要因素，因此，学校和教师完全可根据自己的实际情况选择不同的学习内容，采取不同的方法使学生达成学习目标。通过开发大量的课程资源充实到课堂，学生选择的空间增大，可以根据兴趣选择喜爱的项目进行学习，因而提高了学生体育学习、身体练习、身体锻炼和运动竞赛的积极性，同时也为体育教师开展创造性的教学工作提供了很大空间。

5. 有利于充分发挥各种资源的作用

加强对自然地理课程资源开发利用。我国地域辽阔、地貌千姿百态、气候变化万千，空气、河流、日光、山林等都是不需要多大成本（甚至不需成本）的课程资源，应充分引起重视和开发。充分整合信息时代的信息优势，开发体育信息资源。对于部分信息技术欠发达地区的信息技术短板，随着国民经济的发展、办学条件的改善，信息资源在学校体育课程中将会发挥独特的作用。

总之，充分开发体育课程资源有利于充分发挥各种资源优势；有利于提高教学行为的实效；有利于实现学习目标和课程目标。

（二）影响体育课程与教学资源开发与利用的因素

影响体育课程教学资源开发与利用的因素有三个层面：一是人的因素；二是制度的因素；三是器物的因素。

1. 人的因素

学生对课程资源开发的需求程度。在实施选项教学的体育课程教学中，学生的需求对于课程资源的开发具有极其强大的推动力。尤其是在倡导探究学习与协作学习的教学氛围中，学生也会积极投身于课程资源的开发与利用活动。学生参与体育课的积极性及热情也深刻影响着体育教师对课程资源开发的热情和程度。

教师作为教学设计者与教学的主导者，对课程资源开发的投入程度直接影响着体育课程的开发。在新课程标准下，对于教学内容和教学方法的选择是由体育教师这一角色来完成设计的。

学校领导对课程资源开发的支持程度也深刻影响着体育课程的资源开发。受片面追求升学率和校园安全责任的影响，学校等主管领导对课程资源开发的认可力度与支持力度对课程开发影响深远。目前，许多学校把校园体育设施中的单双杠、秋千、软绳等设施都移除掉，使得具有一定危险性的师生拓展项目或极限项目的开展十分困难。

2. 制度的因素

制度层面影响课程开发的因素也很多。首先是"体育与健康"课程的培养目标；其次是学校为体育发展制定的制度、政策和法规；最后是体育科组或教研室对开发体育新兴项目的态度及积极性。

3. 器物的因素

器物因素对课程开发的影响主要表现在：体育课程一般都是特定的环境中实施的，器物条件对课程资源的开发影响很大，如在没有游泳池的学校推进游泳运动的开展有多大困难、开设体育项目的器材、体育经费投入、场地设施情况、体育教师自身素质、体育教师的数量、新兴项目开发的数量与质量。

（三）体育课程与教学资源开发与利用的原则

体育课程教学资源的开发与利用不是随意而行的，同样需要一定的原则来规范。基于体育课程资源的基本特征及类型的多样性，其开发与利用应该遵循如下原则。

1. 优先性原则

由于社会需要学生掌握的技能与知识非常多，学校在时间与教学资源的分配上必然按照教学目标进行优先运用。例如，学校体育教育的主要目的是首先让学生得到身体的锻炼，其次是通过体育锻炼让学生心理得到健康的发展，那么，体育课程教学资源的开发与利用就必须以提高学生身体素质和运动能力为优先，发展学生其他素质为次要。

2. 因地制宜原则

在体育课程资源的开发与利用中，应该考虑本地区的文化组成、风俗习惯、人群思维方式以及当地教育部门的方针、学校实际条件等因素，力求做到有关体育课程资源的开发与利用可与其他教学资源相互作用、相互补充，也应该注意各方面资源的合理、高效运用。例如，在民族传统体育的教学过程中，可以借用地区已有的大众体育健身场地和器材进行教学，或邀请资深民间民族传统体育专家进校教学等方式进行学校体育教学。

3. 个性原则

体育课程资源在具有不用的地方文化、学校、学科和教师的情况下，供给开发与利用的资源是多种多样的，也是具有极大差异的。因此，体育课程资源的开发与利用必须遵循个性原则，应从各校的实际情况出发，扬长避短，积极对校本体育课程资源的开发与利用进行广泛、深入的研究。体育课程资源"校本化"开发与利用本身就是一项创造性、探究性的教学研究活动，不遵循其个性原则就会陷于经验主义、形式主义的泥潭。体育课程资源的开发和利用的"校本化"是其个性原则的充分体现。

4. 开放性原则

体育课程资源属于人类历史文明的产物，从历史性和世界性的角度来看，不但具有继承性，更具有开放性。在信息万变的现代社会，开放性成为社会蓬勃发展的必要因素。因此，体育课程资源的开发与利用要以开放的心态对待人类的一切文明成果，以开放的态度对其进行研究和实践。体育课程资源开发与利用的开放性主要表现为空间、类型和途径三个方面。空间的开放性是指各学校、城乡、国内外等范畴，只要有利于提高教育教学质量的教学资源都应该加以开发与利用；类型的开放性是指不论以何种类型、形式存在的课程资源，只要有利于提高体育课程教学的质量，都应加以开发与利用；途径的开放性是指体育课程资源的开发与利用应该以多种形式进行，并且应该对新形式进行科学探究，而不能局限于某一形式。

5. 经济性原则

在相对于其他文化学科课程资源较少的情况下，体育课程资源的开发与利用更要突出其经济性。体育课程资源的开发与利用的经济性意味着校方以最少的人力、物力投入，而要达到最好的效果，其经济性主要表现于开支、时间、空间和学习等方面。开支的经济性是指以最少的经费开支达到理想的效果，或者是用最实效的方法达到教学资源开发与利用的目的。时间的经济性是指按照课程开展的先后顺序合理安排课程资源开发与利用的时间。因为教学工作的时间是紧凑的，也是相对紧缺的，所以合理利用时间以及课程资源项目开发与利用的先后顺序显得尤为重要。空间的经济性是指体育课程教学资源的开发与利用应该根据体育课程重要性合理开展，原则上不应舍近求远，但若遇技术含量较高的项目也不乏远距离操作实施。学习的经济性是指尽可能开发与利用能激发学生学习兴趣的体育课程资源。假设开发应用的资源不适合学生使用，对学生技术掌握要求过高或过低都不利于学生学习兴趣的提高，体育课程资源的开发与利用就只能事倍功半。

6. 针对性原则

体育课程资源的开发与利用是专门为体育课程而设定，而且必须根据学生学校的条件、人数、性别、年龄阶段、教学目标而定，决不能漫无目的地广泛实施。由于体育课程资源本身的特殊性，决定了该种资源难以供给其他课程所用，因此，体育课程资源内部管理就必须十分严谨，否则体育课程资源的开发与利用就成为一种教学资源的浪费。

二、体育课程与教学资源开发与利用的方法

（一）充分发掘学校周边自然环境资源优势

人类文化总是在与自然环境的不断调适中，逐渐得到进一步完善与提高发展。例如，在温带草原地区，学校可以利用独特的地域优势开发许多符合课程标准理念的体育课程。不必拘泥于形式开展所谓的现代体育项目。民族体育活动与民间体育活动都是不可多得的课程资源，若充分发掘地理优势和人文传统，学校的体育课程资源开发必然得到师生的普遍赞成。

有学者提出"绿色体育"。"绿色体育"是指人在大自然的绿色生态环境中，开展体育活动和体育教学。可以把原有仅限于学校体育课堂的模拟跑、跳、投等基本生存能力的内容扩展到大自然，既能满足当代学生在体育活动中渴望回归自然的心理，又能培养人与

大自然和谐统一的生态发展观念。

（二）体育设施资源拓展

随着教育改革的逐渐深入，虽然学校体育课程的内容有些新变化，但体育课程内容大多数还是传统的竞技性运动项目。虽然有些学校和教师已对这些运动项目内容进行了一定程度上的改造，但仍然摆脱不了体育课程资源集中在学校的现象。尤其在当今的时代，难以满足学生要求拓展体育课程资源的要求。实现充分利用自然环境、社区资源开展体育教学的要求，学校体育与社区体育相结合。

（三）体育教学内容与形式的挖掘与创新

体育教材是体育教学的主要依据。提倡开发利用课程教学资源，并不意味着不要体育教材。相反，教材仍然是最重要的课程教学资源。在课程目标和学习目标确定后，为更好地结合目标选用教材，体育教师必须在教学内容和形式上进行创新。例如，田径教材在面对不同水平的学生时，内容要求不同。不同的教师在选用同一内容教学方法与组织形式也不尽相同。如今诸多学校和教师都在研究同课异构。例如，快速跑，这一内容对不同学习水平的学生和不同的体育教师，教学内容与形式就会不同，体育教材的开发和建设需要体现时代发展的要求。教材只有在体裁、内容等方面有所创新和突破，才能发挥其核心课程资源的作用。

（四）教师的创新思维方式的培养

作为一名基层体育教师，通常会遇到教学资源不足的情况。临渊羡鱼，不如退而结网。体育教师的创新思维方式与创新思维意识需要加强。有些教师把"叫号跑"这种形式发展成为几十种教学手段，不仅用来提高身体素质，还用来提高和改善运动技术和发展运动技能。

中华民族具有璀璨的民间体育文化。有的体育书籍中收集了几百种民族传统体育活动的名称。如果能够把这些教学资源加以借鉴，势必拓展体育课堂的人文空间，也必将影响学生人文素质的提高。

加强体育教师队伍建设，是加强体育教学基础资源建设与开发的根本。体育教师的创新思维方式的培养则是根本中的根本。

（五）教研活动的长期坚持

体育教师作为一种职业，同样存在职业技能，种种技能也必然随着社会文化的发展而不断进步。开展教研活动对于体育教师提高自己的职业技能和教学水平至关重要。现代的体育课堂教学要突出体育文化的丰富性和人文色彩，使教学内容更加贴近学生和社会生活。这需要体育教师不断地学习和相互借鉴。现代体育与健康教材的编撰，需要呈现方式注重图文并茂，以增强教材的趣味性和生动性。这需要体育教师不断地学习和相互借鉴。

体育课程教学资源的开发是一项崭新的教学实践活动，体育教师必须加强与同行之间、跨学科教师之间的相互合作，创造性地开发多种教学资源渠道，避免流于形式。这需要体育教师不断开展教研活动。体育教学要办出特色需要体育课组的成员不断推进教学改革，而教学改革离不开教研活动。

（六）社区体育课程与教学资源的开发

社区体育是学生课余体育实践的重要场所。开发社区体育资源可以弥补学校体育活动与教学的不足。首先，加强了学校体育与社会的相互联系，有利于树立教育、社会、家庭一体化的观念。其次，有助于引进、更新教学内容以及改善教学条件，教师可以从发展体能、健身、康复、娱乐等多角度选择学生喜欢的教学内容，使学生自主活动，不断培养学生终身体育兴趣、意识、习惯，从而达到终身体育锻炼的目的。最后，社区体育资源的开发有助于充分发挥学校体育各类资源优势和信息优势，形成优势互补，资源共享的格局。

1. 社区体育课程教学资源为校外体育教学活动提供基础条件

社区中所有有关体育休闲资源均可为体育课程教学活动所利用。近年来，随着体育课程改革深入和素质教育的推进，体育课向社区拓展已经成为必然趋势。社区体育资源开发与利用的程度不仅决定了校外体育教育在社区中的空间范围，也决定了社区对校外体育教育重视的程度。校外体育教育既有利于学生发展，也符合社区居民的共同利益。为该区域学校提供体育教育资源也是社区应尽的义务。尤其是社区的体育设施和环境建设，为校外体育教学提供了补充性的物质条件，并提高体育教学的质量，增加体育教学活动的内容和形式。

2. 社区文化氛围是形成校外体育教育特色化发展的必要保证

按照社区文化要素的不同性质和特点，主要有精神文化和物质文化两大类。社区精神文化主要包括社区居民的价值观念、行为规范、社会习俗等。社区物质文化是经过人类改造的自然环境和由人们有意识创造的物质产品及组织社区成员开展文化活动的设施和机构，是社区文化的有形部分，如文化宫、公园、体育场馆、儿童乐园等。社区物质文化决定着社区成员文化娱乐活动、体育健身活动、休闲活动的质量水平。因为学校文化在很大程度上受到社区文化的影响，所以学校在社区内进行体育课程资源开发与研究的时候，应该考虑社区文化要素的影响，并积极融合于社区文化当中，使校外体育课程资源的开发与利用更具区域特色。

3. 社区的地域优势为校外体育教育提供适宜的教学空间

社区体育休闲设施是人们社会生活的基本条件。在家庭和学校之外，社区体育休闲资源是充实学生社会生活的一个重要方面。近年来，独立单元化住宅的兴起让学生获得更多独立空间用以学习和休闲，但是相对封闭的居住环境，使得邻居之间、同学之间的感情关系日益疏远，不利于学生的身心尤其是性情方面的健康发展。充分利用与开发社区体育教学资源，在很大程度上改变这种状况。

从地域空间上看，由学校组织学生在家庭周围进行体育教学活动，可以增加学生对社区的认同感和归属感，同时增加学生对社区文化的认识；从区域的人际关系来看，在社区组织体育教学活动可以接触不同群体，让学生学会与不同年龄阶段、不同家庭环境的人群接触，增强学生的社交能力。

4. 社区组织管理的完善使体育课程开发与利用成为现实

以地域为中心的社区教育组织的规范和完整，便于在本社区内对体育教育进行全方位的组织协调，使社区体育教育资源得到整体开发和合理配置。社区教育组织在组织管理上的优势，恰好弥补了校外体育教育组织权威性、统筹性相对较弱，覆盖面较小等诸多方面的不足，也为校外体育教育创造更大、更好的外部环境，使校外体育教育的规范程度不断提高。

第五章　健康课外拓展与文化探索

第一节　体育与健康课外拓展

课外体育是学校教育的重要内容，开展学生课外活动对深化素质教育改革提高学生身心素质具有重要意义。课外体育也是课堂教育的补充，课内外一体化是体育教学改革的重要模式。课外有广阔的空间有利于学生开展体育文化活动提高各种能力。因此加强体育与健康教育课外拓展训练，开展丰富多彩的体育健身与训练活动是发展学校体育文化，促进精神文明建设提高学生生活质量的重要体现。

一、学生心理健康与体育锻炼

随着现代社会的飞速发展、生活水平的不断提高、人们追求健康的意识不断增强，人们逐渐意识到心理健康在人的整体健康中的重要性。作为促进心理健康重要手段之一的体育锻炼，也越来越受到人们的重视，有关体育锻炼与心理健康效应的研究也就成为现在乃至以后国际运动心理学和健康心理学领域中的重要研究课题。

（一）学生对心理健康认识的分析

心理健康是现代人们生活中的一个重要概念，是各国学者多层次、多角度研究的重要内容。同时，它也是体育教育者对体育锻炼心理效应有更全面理解的基本点。因为体育锻炼的心理效应所包含的不仅是对学生心理疾病的预防和治疗而且也包含本身积极的情感体验和心理品质的影响。前者注重对学生病态心理的影响，而后者注重对正常人群心理的完善。世界心理卫生联合会提出了心理健康的标志：身体、智力、情绪十分协调，适应环境，人际关系中彼此能谦让，有幸福感在学习工作和职业中能充分发挥自己的能力，高效率的生活。各国学者对心理健康的观点叙述虽有差异，但都强调个体内部协调与外部适应，都视心理健康为一种内外调适的良好的社会适应状态。

纵观国内外相关研究，体育教育应从以下几方面帮助学生对心理健康加以理解：①心理健康包括心理状态和心理调节能力两个关系密切的部分。心理状态是指个体在某一时刻或某段时间里自我感觉心理状态的好坏（尤其指情绪的好坏），心理调节能力是指个体把自己的心理状态调节到适当水平的能力。②心理健康的标准是相对的，人的心理健康是一个连续的过程，极端的健康是精神完美状态，极端的障碍是精神病状态，而绝大多数的人是属于两极之间的状态。③人们确定心理健康标准时常常具有完善性，是指一种理想境界。但实际上，心理健康标准只是反映了社会对个体良好地适应社会生活所应有的心理状态的一般要求，而不是最高境界。④心理健康的标准很复杂。对于不同国家、不同地区、不同人群、不同时期、不同文化背景和风俗习惯，心理健康可能以不同的方式表现出来。⑤心理健康具有发展性、变化性特点。人只有通过各种方式不断完善自己，在不懈努力中感受快乐和满足，才能获得真正的心理健康。⑥心理健康是一个整体状态。个体心理的不健康只是其某一个或几个方面不健康，并不是心理的每一个方面都不健康。另外，我们在把握心理健康含义的同时还应该注意到：首先，心理健康有广义和狭义之分。广义的心理健康是指一种完善而满意的、持续的心理状态，狭义的心理健康指人的基本心理活动过程的内容完整、协调一致，即认知、情感、意志、行为、人格的完整和协调。其次，心理健康状态是有等级的，可以分为心理不健康、常态健康、很健康。

（二）学生体育锻炼对心理疾病的治疗与预防效应

随着现代社会的飞速发展，学生的心理疾病问题越来越多，并且心理问题不容易让人理解和发现，又难以用药物来治疗。而体育锻炼是治疗与预防心理疾病的有效手段。

第一，体育锻炼对应激的作用。应激是机体对作用于自身要求的一种非特异性应答，它是机体保证生存最重要、最复杂的反应，涉及神经分泌系统和许多其他器官。近年来大量研究证实，应激是影响人们心理健康和身体免疫功能的重要因素。现代社会竞争的加剧，生活节奏的加快，使人们产生了时间的紧迫感与巨大的压力感；东西方文化的碰撞，多种价值观念的冲突，失业危机与就业竞争的冲击，观念更新与价值多元化冲击，利益调整中厚与薄的冲击，人际交往中诚信与失信的冲击等等，使现代人常处于应激状态下。主要表现为：易激怒、急躁、好争执及激动、恼火、紧张等等。越来越作为人们生活一部分的体育锻炼无疑会对现代人们的这些应激状态起良好的抑制作用。体育锻炼在现代人们生活中不仅仅只是起到健身作用，当紧张、压抑、烦躁、好争执时，体育场地是有效的平衡场所，体育锻炼是有效的宣泄途径。

第二，体育锻炼对焦虑的作用。焦虑是个体对不确定因素所产生的烦躁不安甚至恐惧的心理状态，随着我国市场经济建设的发展，社会不确定因素不断增加，传统的价值体系受到现代思潮的冲击，新的价值体系尚未建立，价值取向趋于多元化，各种事物失去一个权威性的价值体系作为评判标准。人们在追求更多物质利益的同时，社会变动给他们造成的危机感和不安全感愈加强烈，而他们对社会的发展前景又不能很清楚地把握，因此，对应着的种种心理焦虑也就不断显现。如：不时感到一种莫名其妙的烦躁不安、恐慌等。目前，借助焦虑量表（SAS），可把焦虑分为四级（类）：第一级，镇定状态；第二级，轻度焦虑；第三级，中度焦虑；第四级重度焦虑。我国也有资料表明：以有氧代谢率标准的中距离和长距离中慢速跑、变速跑，能够松弛紧张的情绪，消除过度的精神紧张和疏导被压抑的精神负担；集体性项目如各种球类活动，可以通过培养学生良好的协作精神和团队意识来抑制焦虑。

第三，体育锻炼对抑郁的作用。抑郁是所有心理疾病中最常见的一种，属更深沉的复合性负情绪。它可能是伴随着人生价值的失落感而产生的悲伤、恐惧、羞愧，甚至负罪感。其持续时间越长，给人带来的痛苦越大。其主要表现为：悲观、低自尊、绝望。克服压力是一种人类面对危险时所产生的天然反应，是一种直接由远古的祖先遗传给现代人的能力。压力曾一度被视为促使人类生存的重要因素，人类天生便有处理压力的本能。但是有研究表明，如果压力不断出现就会对人的生理和心理造成不同程度的影响甚至破坏。它是一种对人类影响最为广泛的心理疾病同时也是各国学者研究的主要对象。实践发现，经过中等或大强度的运动锻炼，如半小时以上的游泳运动等，能够主动和有效地应付压力，使患者在忧虑测试中的得分下降25%并对患者大脑活动产生有利改变；同时发现患者抑郁症的减轻与躯体的康复过程相一致。从而可以得出结论，体育锻炼是一种应付抑郁症的有效的安全的手段。因此，学校应拓展课外体育锻炼活动治病与预防学生的心理疾病，保障学生健康发展。

（三）体育锻炼拓展学生心理品质的效应

体育锻炼不仅可以治疗和预防锻炼者心理疾病，还能有效地对锻炼者心理品质产生影响。

第一，体育锻炼对认知能力的影响。国外有心理学家认为，智力是学习能力，是把持知识推理和应付新环境的能力。我国许多心理学家认为，智力是指认识方面的各种能力，即观察力、记忆力、思维能力、想象能力的综合，其核心是抽象思维能力。有研究发现，体育锻炼对人的感知能力、记忆能力、想象能力、思维能力等方面的发展都具有重要的作用。

第二，体育锻炼对意志品质的影响。体育锻炼有助于培养顽强的意志品质。从事体育锻炼既要克服客观困难，又要战胜主观困难，良好的意志品质是在克服困难中形成和表现出来的。坚持不懈的体育锻炼本身就是一种意志行为在锻炼过程中不断挖掘自己的潜能，在提高自己运动能力的同时，也不断发展自己的意志能力。如果一定要达到一项锻炼标准，就必须意志坚强刻苦锻炼。在通过努力达到锻炼标准时就会为自己的成功而高兴。同时也会感知到自己战胜困难的能力，产生自我成就的认识和情感体验，产生愉快、振奋和幸福感。适宜的体育锻炼能使人们获得心理满足，产生积极的情绪体验，以增强自信心消除心理障碍。体育锻炼是培养人的意志品质的有效手段。体育锻炼对人的意志品质的磨炼在于它总是与克服困难联系在一起的，总是与身体和心理疲劳联系在一起的。体育活动不仅需要克服肌肉酸痛，培养坚持到底的顽强毅力，而且在活动中还需要能理智地分析客观情况，辨明方向和弄清利弊，当机立断。能抵御外部环境的各种困扰，克服并抑制消极情绪和冲动，而不被一时的困难所压倒，也不被一时的成功所陶醉，始终把握住既定的目标方向，是体育活动对人的意志品质的要求。因此，长期的体育活动有助于培养人不畏艰苦，不怕困难。果断机智，勇敢顽强的意志品质促进良好个性的形成。

第三，体育锻炼对人格的影响。人格是指一个人的整个精神面貌，具有一定倾向性的心理特征的总和。心理学的研究表明，人格的形成及其发展与人的活动密不可分。在体育锻炼的过程中，锻炼者自己是活动的主体，这样有利于思维活动和机体活动的紧密结合，从而促进人格的显示和发展。人们参加体育锻炼，既可以施展自己的才能，又能达到实现自我的心理满足，这种心态可以增强人们的自尊心、自信心和自豪感，提升自我概念。有关研究表明，经常参加体育活动者更容易与他人形成亲密的关系，人际关系更和谐，更有助于产生亲近感，消除孤独、恐惧的心理等。对于那些性情孤僻、优柔寡断、不愿与人交往、待人接物淡漠的人来说，不仅能使他们认识到自己的价值，树立起自信心，如果把这些观念迁移到更广泛的社会生活中，则也能有效地促进人的社会化进程，使人的个性日趋完善。

第四，体育锻炼过程中的情感体验。体育锻炼的心理效应不仅只局限于对现代人们心理疾病的预防和治疗，而且在很大程度上，它所具有的积极的情感体验也是其心理效应的重要内容。运动中的流畅感是人类一种理想的内部体验状态。在这种状态下，全身心投入到活动当中，对过程的体验本身就是乐趣和享受，并产生对运动过程的控制感。因此，可以认为流畅感本身是一种积极的情绪状态。它来源于人们的生理需要或心理需要的满足。当锻炼者通过实践锻炼活动，实现了预期的目标，显示出自己的主体性力量的时候，就会产生一种精神上的情感体验，即达到了主（人）、客体（运动）关系的协调、一致。锻炼是一个动态的过程，锻炼过程中的人和运动之间的实践、认识、价值、审美关系相互制约、相互交织在一起，共同推动着人类自身生理和心理的完善。一项研究表明体育运动是人们流畅感的主要来源，它是体育锻炼的心理健康效应达到最大值的一个重要因素。在体育锻炼过程中流畅无处不在。人们在享受流畅情感体验的同时，也不断地升华了自身对运动美感的建立。锻炼的愉快感、流畅感，将使身体锻炼产生更显著的积极效应，首先可能使参加者更容易坚持锻炼，从而使更多的参加者得到健康；其次，流畅感本身具有直接的健康效应，使参加者获得积极的心理健康状态和建立良好的体育运动美感。

总之，体育锻炼能够拓展参与者的心理健康效应，不仅表现在对锻炼者的心理疾病的治疗与预防，如对应激、焦虑、抑郁等良好影响，而且对锻炼者心理品质的培养有积极作用，如对认知能力、意志品质、情感体验、人格等良好培养。因此我们应该加强拓展学校课外体育锻炼活动，治疗与预防学生心理疾病，促进学生身心健康发展。

二、学校有氧健身与分类指导

有氧健身运动是指人们在运动中氧供给较充分，不负氧债的条件下，提高人体有氧代谢能力的体育健身活动。实践证明，有氧健身运动不仅可以提高人体的运动水平，更重要的是可以提高机体的健康水平及抗疾病的能力，促进机体的新陈代谢，减少多余脂肪的积累，从而达到健身强体、延年益寿的目的。因而有氧健身成为世界人们热爱的健身运动方式，也是我国全民健身运动倡导的主要方法。然而，由于我国学校对有氧健身运动的认识还不够深入，导致实践应用中出现种种不良的现象，影响着学校全民健身运动的发展。因此，我们对有氧健身运动的分类指导进行研究，探讨不同体育项目的有氧健身特点和不同人群、不同性别、不同健康状况等人群的有氧健身运动的分类指导问题，其目的是提高参与有氧健身运动的效果，推进学校全民健身运动的健康发展，为不同人群参与有氧健身运动以及组织指导者提供有益的理论指导。

（一）不同体育项目的有氧健身运动的特点和作用

体育项目是人们从事健身运动的内容和手段，不同的体育项目以有氧运动的方式练习时具有明显不同特点。根据项群理论，从人们参与体育健身运动的目的来分析，把体育健身内容和手段的主要有氧运动形式、特点和作用做一概括。

1. 走

常用的健身手段，是适用于所有人参与的有氧运动形式，练习方法灵活多样，主要特点是下肢运动，调控练习时间来掌握运动量，具有较好的舒心活血、愉悦心情的作用。

2. 跑步

堪称世界健身方法之王，适用于健康人尤其是青少年儿童、中年人最好的有氧健身方法，主要特点是下肢运动，容易调控运动量尤其是控制好有氧阈强度，对提高呼吸、心血管系统机能有重要作用。

3. 跳跃运动

也是常用的有氧健身手段，练习形式多样，主要特点是下肢运动，上肢配合达到全身活动的目的，练习中要调控好重复次数，使之起到内脏器官的良好按摩作用。

4. 球类

是青少年儿童和中年人喜爱的运动，练习的主要特点是动作技巧性要求较高，身体活动不易于控制运动量，进行有氧锻炼时应控制好强度和时间，对呼吸、心血管系统等都有较好的健身作用。

5. 徒手体操

包括广播操、自编操等，其运动特点是使身体活动的局部得到运动，运动量较小，因而要加大练习的力度，延长练习的时间，安排全身不同部位的体操使全身各关节部位都得到锻炼，血脉通畅。

6. 器械体操

包括竞技体操、哑铃操、棍棒操等，主要是以上肢运动为主，有氧练习时应调控好力量的大小和持续时间，使之锻炼肌肉和内脏器官。

7. 健美操

是现代流行的健身方法，运动形式有徒手练习、轻器械练习等，能够使全身运动，有氧练习中应调控好时间，掌握运动量的大小，使之获得心血管的良好锻炼。

8. 体育舞蹈

包括交际舞、国标舞、艺术舞等，能够使全身运动，有氧练习中应调控好练习时间，使人体的协调性和内脏机能得到提高。

9. 武术

包括长拳、散手、器械练习等，它是全身运动项目，有氧练习中应调控好姿势，控制运动量，使心血管、呼吸机能得到锻炼。

10. 太极拳

是中老人喜欢的运动，目前在国外有较好的发展，包括各式太极拳、自编太极拳等，具有良好的动静、神形、内外结合的特点，使全身得到运动，有氧练习中要调控时间和姿势，控制运动量，使人体内脏和经络得到锻炼。

11. 健身气功

也是中老年人喜欢的运动，包括各种健身气功、自编健身功等，具有良好的动静运动、导引行气的特点，有氧练习中应调控好时间，放松自然，使人体内脏、经络得到锻炼。

总之不同运动项目的练习形式、健身特点和作用有所不同，关键是掌握好有氧健身运动的要求，控制运动量的大小，使之处于氧供给较充分，人体不负氧债下进行练习。

（二）不同年龄人群有氧健身运动的分类指导

学校系统包括学前教育、初等教育、中等教育、高等教育等学段，学校系统的人群包括各段学生、教职员工。不同年龄阶段的人群进行有氧健身运动中具有明显的特点。这就要研究不同年龄人群的特点，进行科学的有针对性的有氧健身运动的指导工作。不同年龄阶段人群有着不同的身心特点，不同的生活目标，不同的社会活动场所，在开展有氧健身活动中就要有所区别进行分类指导。对婴幼儿的有氧健身活动，应以生活技能模仿、游戏、身体姿势等徒手练习为主，短时间（1~5分钟），少量重复性练习，运动量心率控制在120次/分钟左右；重点提高家庭成员和保育园教师的有氧健身运动的认识。对儿童的有氧健身活动，应以体育游戏、趣味性文体活动、基本体操、生活技能练习为主，运动量以心率控制在125次/分钟左右，练习时间控制在3~8分钟为好，中间要适当休息；重点提高小学体育教师和家庭成员的有氧健身运动的认识。对少年有氧健身运动的指导，应抓好学校的体育教育工作，同时发展家庭和社区体育，提高他们的有氧健身运动的认识；有氧健身内容和方法可多样化以球类和跑步练习为主，练习时间控制在5~10分钟/次，每周3~5次，运动量以控制在125~140次/分钟为好，进一步培养他们的有氧健身意识和成功体验。对青壮年有氧健身运动的指导，应重点发展大学和社区的有氧健身运动，加大有氧健身运动的宣传，提高有氧健身运动的认识；开展丰富多彩的体育活动内容，但运动时间控制在20~30分钟/次，每周3~5次，运动量应控制在心率130~150次/分钟为好，同时强化他们的终生有氧健身运动意识，养成健身习惯。对中年人有氧健身运动的指导，应重点发展工作单位和社区的有氧健身运动，锻炼内容和方法可以多样化，并结合工作性质进行；但锻炼时间控制在10~30分钟/次，每周2~3次，运动量以心率130~150次/分钟为好，同时强化他们的健身保健调理意识和有氧健身控制能力。对老年人有氧健身运动的指导，应提高家庭有氧健身运动的意识，发展社区有氧健身活动，开展动作简单、缓和的体育活动，如：散步、跑走结合练习、太极拳、健身功等，活动时间5~10分钟/次，每周5~10次，运动量控制在心率120~130次/分钟为好，同时提高他们健康保健意识和积极生活方式的认识。

（三）不同性别人群有氧健身运动的分类指导

不同性别人群的生理和心理有着不同特点，承担家庭教育和社会责任也有差异，爱好和乐趣也有不同，在参与有氧健身运动中就得进行分类指导区别对待。

男人从身体形态上看比较高大和宽实，身体机能比女子较高，运动素质比女子较强。从心理和社会性特点来看，男人一般有开朗活泼的性格，具有较强的竞争意识和进取动机，有较强的适应环境、面对挫折的能力。男子可以通过有氧运动改善男人的身体机能，消除疲劳，增强体质，达到健身和保健的目的。在指导男人有氧健身活动中，应从不断强化体育健身保健意识消除成年男子认识上的"误区"入手，从增强男人的有氧工作能力着眼，有氧健身内容和手段应以长跑、球类活动为主，同时注重全面锻炼，整体调理，既要注意适当的有氧健身活动，也要加强身体的营养卫生维护，建立合理的生活和作息制度，消除不良的生活习惯。有氧健身方法应以每次 10~30 分钟/次，每周 3~5 次，运动量控制在心率 130~150 次/分钟为好；有氧健身组织形式要充分发挥社区和工作单位体育活动的促进作用。

女子的身心特点不同于男子，其身体形态比男子显弱小，身体机能也比男子低，运动素质比男子也较差；女子在心理上显内向型，求美心愿有过于男子，多数不争强好胜，女子容易受健身环境、氛围的影响。因此，对女子的有氧健身运动的指导，应从提高有氧健身意识增强身体机能着眼，从发展社区体育和家庭体育入手；有氧健身内容和手段以健美操、体育舞蹈、轻松运动、减肥跑步为主；有氧健身方法以缓和、低强度运动为主，每次 20~30 分钟，周 3~4 次，运动量控制心率在 120~140 次/分钟。尤其对女子在妊娠期、哺乳期、更年期的有氧健身锻炼要科学合理地引导，以短时间，多次数小负荷的轻缓运动为主。

（四）不同健康状况人群有氧健身运动的分类指导

各种人群的健康情况是不同的，有的人可能体力好一些，另外一些人可能体质差一些，有的人患有疾病，因而，在有氧健身活动中应该区别对待，分类指导。世界卫生组织对人体健康的定义，将人体健康状况分为身体健康和社会心理健康两类来分析。从身体是否健康方面可分为正常人群、疾病人群、残疾人群三种。对正常人群有氧运动的指导，重在提高身体有氧耐力机能，增强体质；对疾病人群的有氧运动指导，应合理诊断不同病人的病情，采取针对性的有氧运动处方，进行康复性有氧活动为主；对残疾人群，要根据他们的特点，有针对性地采取有氧的身体功能锻炼，提高他们的适应能力和抗病能力。从社会和心理健康方面可划分为适应型、焦虑型、激进型三种人群。适应型人群的心理相对平衡稳定，适应社会能力强，也较易接受体育影响，参加有氧健身活动；焦虑型人群心理倾向抑制，胆小怕事，对体育活动兴趣不高，重点采取帮带和说教方法，引导他们参与有氧健身活动；激进型人群的心理倾向活泼和兴奋，易激动，争强好胜，对有氧健身活动易参与，但不能坚持下去，指导方面应采取耐心启发教育方法。

不同运动项目具有不同的有氧健身特点和作用：走（含散步等多种走法），运动量小，主要锻炼下肢的健身项目，提高有氧健身效果应加快步伐和延长时间；跑（主要是中下强度长跑）具有健身之王的美誉，能自我调节，锻炼全身，有氧健身跑是提高呼吸和心血管机能的最好方法；球类（含各种球类活动），是锻炼全身的好方法，但不易控制运动量，有氧运动时要注意练习时间和控制强度；体操、健美操、体育舞蹈等项目具有肢体活动和全身性的特点，运动强度不大，有氧健身时应控制练习时间和速度；武术、太极拳、健身气功等具有良好的神形兼备、动静结合、内外统一的特点，运动量也易控制，在有氧健身时应掌握好练习时间和速度。

在有氧健身运动中，应根据不同的健身内容和对象特点，采取有针对性的有氧健身方法，进行科学的分类指导，才能取得满意的有氧健身效果。

三、学校阳光体育与课外休闲

因为近几年来青少年身体素质下降，肥胖、营养不良等现象的大量出现，所以教育部等发起的全国亿万青少年阳光体育运动，吸引广大青少年学生走向操场、走进大自然、走到阳光下，积极参加体育锻炼，掀起学校群众性体育锻炼热潮。阳光体育也就成为学校体育发展的新理念、新思路、新模式。同时随着社会经济的进步，物质和精神文化的发展，社会生活逐渐进入休闲时代，学校休闲运动也就成为学生们喜爱的活动内容。因此，开展学校阳光体育与休闲运动研究，积极发展学校休闲运动，对促进学校素质教育发展，提高学生身心健康水平，有着重要理论价值和实际意义。

（一）体育休闲是阳光健康的生活方式

现代社会生活方式在给人们带来富裕快乐的同时，也带来健康问题。休闲体育更能彰显体育为人的全面发展的本质，是一种健康的生活方式。人们参与休闲体育活动达到体魄健壮、心理愉悦和身心健康发展，并有助于实现社会和谐。在人类社会漫长的进化过程中，体育经历了从原始体育、古代体育、近代体育到现代体育的发展历程。无论是何种阶段的体育，休闲与体育一直保持着紧密的联系。体育是人类在生产生活中产生出的多以全身的自然活动为主的一种特殊社会文化活动，它具有游戏、娱乐、健身、冒险等多种特点与功能。体育这种对人身心具有积极影响的活动，无论是过去、现在，还是将来，都对人们休闲生活有着重要的意义。对于余暇来说，体育这一身体娱乐，可以作为最本义的活动来予以推荐。这样，体育运动是以娱乐的形式为最理想的活动方式。体育是在休闲中孕育而发展的，没有休闲也就没有今天丰富多彩的"体育世界"。更进一步讲，休闲是体育发展的肥沃的土壤，是体育赖以发展的前提。

体育休闲，中心词是休闲，是休闲的重要组成部分。体育休闲的本质是通过体育文化途径消除体力的疲劳获得精神的慰藉，借以区别琴、棋、书、画、诗、词、歌、赋等的文艺休闲。体育休闲是人们为不断满足自身的体育需求而处于的体育创造、体育文化欣赏、体育文化构建的一种行为方式。体育与休闲结合，起到增进身心健康，调节心情的作用。尤其是一些休闲户外运动，强调利用森林、山地、湖泊、海滩、沙漠、冰雪等自然资源进行体育活动，具有独特的休闲性。体育与休闲的结合，是体育的一种发展趋势，更是一种健康文明的生活方式。体育休闲在现代人类生活中起着至关重要、无可替代的作用，是人的一种现实需要。它能调节并改善现代文明发展给人类带来的饮食、营养、工作、休息、娱乐、交往、社会化、身心发展等方面的不良影响，为形成人类的健康生活乃至培养具有适应不断变化的自然环境和社会环境能力的人类自身做出贡献。体育休闲在于追求人的全面、自由、和谐、平衡发展以及自我价值的实现，这是体育的本质和终极目标。只有当人通过自己的意志去设计、掌握或运用某种手段和方法来使自我身心获得同步发展，当人们去参与一种旨在使自我生理水平和心理水平提高，并同时满足人的归属本能、自尊本能乃至最高级的自我实现本能需要时，便可以说：他参与了体育。他占有并实现了体育的意义和价值。从这个意义上说，体育休闲是在人类满足生存需要之后的一种更高级的享受和发展需要。

（二）体育休闲是畅快和谐的心理拓展

休闲体育是体育的重要组成部分，是休闲的重要内容，它以体育活动为基本手段，强调个体的直接参与性、活动的娱乐性和非功利性。休闲体育的意义在于休闲的体验，即人们怀着轻松愉快的心情，自愿参加各种身体活动。他们既不受制于体育教学的种种严格规定，也不追求高水平的运动成绩，甚至也不刻意把体育的"强身祛病"放在首位，而是在体验运动乐趣的过程中使个人的精神和身体得到放松和发展，寻求身心放松、获得"畅"的心理体验。

休闲体育是追求和谐的社会文化活动，休闲形式多样，内容广泛，丰富多彩，从衣食住行、琴棋书画到诗词歌赋、游山玩水等，不一而足。应当注意的是，休闲活动不是打发空闲时间的"消遣"活动，更不是无事找乐的"娱乐"活动。从人类学、历史学和社会学角度来看，休闲属于一定文化范畴具有丰富的文化意义。而且，它被文化的东西赋予了形式和内容，从而体现出了文化生命力。在休闲体育活动中，休闲者不仅使身体处在积极的活动状态，体验到生命的快乐、放松、舒适、愉悦，而且休闲者还可以满足社会交往和自我表达的高级需要，领悟到自己与自然、社会的融洽感、认同感以及审美感等。充分地享受、珍惜休闲生活是人的一种生活方式，生活态度。人们在休闲体育活动中，通过参与者共有的行为、思想、感情，创造文化氛围构筑文化意境，从而达到个体身心和意志的全面、完整地发展。当今，社会休闲体育正以一种"文化生活方式""文明健康的生活方式"迅速走进人类的生活当中。

人们在社会交往之中形成了各种各样的人际关系，可以说良好的人际关系是一个社会和谐的主要标志之一。在现代社会中，人与人之间的关系并没有如人们所想象的那样能够随着社会的进步而获得相应的发展。市场经济的建立增强了人们之间交往的功利意识；钢筋水泥构筑的高楼大厦大大减少了人们之间的交往与交流；信息技术的发展改变了人们之间的交往方式，使人们之间的交往没有了空间障碍，却引起了人与人之间的信任危机和情感的淡漠，人际关系出现了异化。面对如此窘境，休闲体育为人际关系的和谐和健康发展提供了一块肥沃的土壤：它能够使人们从残酷的社会竞争中解脱出来，投身到大自然的怀抱之中，去尽情体会那种与世无争、悠然自得的情怀，从而淡化人们之间交往的功利意识；它能够使人们从虚拟的网络世界回到现实的社会生活之中；它能够为人们之间进行直接的、面对面的交往与交流，提供一个广阔的平台。所以说，休闲体育对促进人际关系的和谐发展起到一种非常重要且积极有效的作用。休闲体育不仅是休闲娱乐健身的有力载体和重要手段，也是消除孤独寂寞、拓展人际交流、增进情感融合的润滑剂。休闲体育是一种情感的宣泄，是一种真实的表现，更是一种本性的还原。在休闲体育活动中，不仅仅是人的体质得以增强，最重要的是获得一种积极的心理体验。因此，在我国构建社会主义和谐社会的新时期，旨在促进人的身心健康和自由和谐发展的休闲体育，其生长空间一定会得到进一步拓展，社会价值更会进一步得到彰显。

第二节　体育与健康文化探索

体育文化是在增强体质、增进健康、提高人民生活质量的过程中创造和形成的一切物质和精神的财富，包括与之相适应的社会组织和规范体育活动的各种思想、制度、伦理道德、审美观念，以及体育改革举措和成果。校园体育文化是学校范围内的体育文化现象，包括体育物质文化、精神文化、制度文化等方面。可见发展校园体育文化是深化体育教育改革，培养学生素质的重要方面。因此我们探索体育与健康教育文化的塑造，旨在促进学校体育文化的发展，培养学生综合素质，提高适应社会发展能力。

一、体育文化与学生综合素质

学校素质教育的实质是要把学生培养成适应社会发展所需要的人，也就是具有良好的人文素质的可持续发展的人。这是教育学、心理学、社会学、文化人类学等所研究的重要课题之一。各国政府都很重视青少年学生的适应社会发展（社会化）问题，都在从不同的角度探究学生的教育和培养过程。我国政府正在大力推行素质教育改革，探索培养适应新时代发展的高素质的建设者和接班人。校园体育文化是人类体育运动文化的有机成分，是学校范围内体育运动开展的物质文明和精神文明的总和，大体包括师生的体育认识过程、体育价值判断、体育情感体验、体育理想追求、体育道德水准、体育管理制度和体育的物质条件等具有丰富的素质教育内涵，对学生人格化培养有深远的影响。可是，长期以来学校教育受"应试教育"的影响，忽视学校体育文化的作用和建设，妨碍着学生人格化素质的发展。因此，我们主要通过文献资料和体育教育实践观察来探讨校园体育文化培养学生适应社会发展的综合素质问题，进一步认识校园体育文化对学生素质教育的影响有着积极的意义，旨在为促进学校体育文化建设，培养青少年学生适应社会发展的人文素质提供有益的指导。

（一）体育文化与学生社会角色的自我意识

人类社会好比一个天然舞台，人们在社会上的种种活动，犹如一出社会剧，每个人都在其中扮演着自己的角色。适应社会（社会化）的目的是为社会培养一个符合于社会要求的社会成员，能胜任多种社会角色的人。因此，一个人要符合社会的要求，取得社会成员的资格，他就必须不断地进行角色学习。角色义务、角色权利、角色行为规范是角色构成的基本要素，也是角色学习的主要内容。而体育文化恰好是学生早期扮演社会角色，发展自我意识的有效尝试。通常学生逐步综合有关自己对自己以及他人对自己的知觉认识，确认个人与周围世界的关系，进而形成自我意识阶段。任何一种体育活动或游戏角色，特别是集体项目的活动或游戏，都是由一定的活动或游戏角色以及角色之间的相互作用构成的，这些角色除了游戏本身特定的意义外，还有某种社会角色的符号或模拟意义。如篮球运动有前锋、中锋、后卫以及主力队员与非主力队员、裁判员和教练员之分，场上每一成员都有各自不同的角色规定如身份、地位、职责、工作目标及任务等。成功地承担角色任务，要求角色的扮演者准确地把握这一角色同其他一角色的区别和关系，将自己的行为置于特定角色的价值标准中，并受到一定的角色团体的评判。因此，每个人都可能因为自己的努力，完成了集体对自己所扮演的角色的期望或集体有意义的任务而受到称赞和表扬。反之，也可能因为自己的过失和疏忽，给游戏活动带来损害而受到批评和指责，从而得到一种鲜明的情感体验和道德认识。学生通过体育活动和游戏伙伴这面"镜子"，看到了自己的形象，萌发了自己对自己以及自己与集体和社会关系的意识，进而得到进一步的自我意识肯定和确认。因此，学生在各种校园体育文化中得到自我社会意识的培养，是有益于学生人格的社会适应性发展。

（二）体育文化与学生社会活动的文明规范

学生个体社会适应性发展成为社会所能接受的程度与其道德认识和社会适应的发展密切相关，而个体道德认识又来自社会传统文明和道德行为的教育和熏陶。体育作为人类社会几千年积累来的精神文化财富，本是一种有着丰富的精神内涵的社会活动。体育运动把全世界青少年聚集在奥林匹克五环旗下的力量，并非仅仅是体育或奥运盛会为青少年提供了锻炼身体和创造人体运动纪录的机会，而更重要的是奥林匹克精神以及体育所代表的人类和平意愿和人类共同活动准则的感召。事实上，体育活动中的公正竞赛原则，本是人类理想的人际关系和社会公德的反映，而那些为使各项活动有章可循的体育规则和裁判方法，更是社会法规和人类共同活动规范的模拟和缩影。青少年学生在参与体育活动过程中，认识并遵循体育活动特定的规则和公平竞争原则，违反规则受罚，创造成绩受奖，本是对社会契约精神及其文明生活方式的了解和模仿过程。在学校体育教学、班组体育活动以及体育竞赛等集体活动中，学生感受到集体活动对个人行为的要求，以及完成特定的练习任务或取得良好运动成绩所需的意志努力或精神与身体两方面的自我控制过程，进而可有效地增进学生遵守社会活动规范与纪律的行为习惯。这是学生适应社会生活的文明规范要求。因此发展校园体育文化，有益于学生参与到体育活动中并获得良好的社会文明规范的适应性学习。

（三）体育文化与学生追求社会生活的目标

学生社会适应性发展状态在很大程度上取决于他们生活目标的选择和确定过程，只有不断地向学生提供适应未来社会发展的新的学习宗旨，通过各种健康积极的社会活动，诱导和激发学生进取奋发的生活态度，才能帮助学生确立和追求顺应历史发展的走向、具有社会意义的生活目标。实践表明，一些学生之所以面对社会生活条件的差异以及理想和现实的矛盾而茫然失措、将自己的愿望和追求停留在一种肤浅的欲望满足之中，这除了个人认识障碍或人生观教育问题外，更大的原因在于他们长期处在一种消极而低沉的情绪体验之中。实际上，通过各种集体和社会活动，使他们经常获得一种健康积极的情感体验的活动，有助于他们克服和摒弃自卑自弃的心态。在这种意义上，体育文化作为一种具有丰富强烈的情感体验的活动，也是帮助学生获得进取奋发的生活态度的有效手段。体育运动的竞争性有助于发展学生行为的积极性。任何一种体育竞赛对参与者，尤其是学生的行为，是一种他人促进和社会助长因素，即竞争目标或同伴和对手的竞争行为对自己构成一种心理压力，从而也刺激和强化了自己的行为。体育运动所要求的追求胜利和成绩的精神有助于激发学生的进取心和自尊心。任何一种比赛，参与者都可能不知不觉地受到竞赛特有规律和气氛的感染，当发现自己处于不利地位时那种渴望胜利和荣誉的心理以及为改善处境所做的努力过程，无疑有助于增强个人自尊心和追求生活的勇气。如果一个学生经常处在一种积极的心理状态之中，并将它移植到其他活动当中去，必定会自觉地克服自己一切懈怠的行为和散漫的作风，最终是有所作为的。因此发展学校体育文化对学生的生活态度和追求积极的社会生活目标是有着重要的促进作用。

（四）体育文化与学生人际交往的社会适应性

人际交往是现代人适应社会生活的重要内容。参与社会群体及其活动是学生社会适应性的根本途径和实践形式。校园体育文化活动是学生一种基本的学习、生活、娱乐形式。体育活动中的人群有多样性（不同个体、不同班组、不同年级、不同男女、不同师生等等），又有复杂性（性格气质差异、文化知识差异、社会经验差异等等）增加了学生在体育活动人群中的交往，扩大了学生交往的范围及其周围活动的联系，进而也增大了个人从外界获得各种有利于自己有意义的信息和机会，这无疑有助于人格的全面发展。体育群体活动能够使学生直接克服个人独立于家庭之外，步入社会的焦虑和不安全感。体育群体活动也有陶冶学生性格的作用，活泼欢快的集体游戏本着明显的心理保健和情绪调节功能也是避免人格偏差，增进学生对集体生活适应性的良好手段，从而让学生得到各种交往的情感体验，建立良好的人际关系，提高了社会适应性。

（五）体育文化与学生的创造性心理特征

创造性心理特征是人们适应社会生活，发展自我潜力，成功地服务于社会的重要品质。体育运动本身就是一种更新和创造精神，这是体育运动几千年来赖以生存和发展的根本所在，也是进而迎接新的挑战的一个重要特征。例如：比赛的金牌和成绩象征着青少年在体质和精神上的每一步成长。对任何一种新纪录的褒奖实际上都是对青少年创造性特征或能力的确认和鼓励，而竞技规则（社会既定行为的规范）的一再修改，实际上也是对青少年竞技行为符合现代道德观的创造性突破的肯定。追求优异成绩的刻苦训练过程，本是一个不断谋求技术上的突破和新的设计的过程。设想完成复杂而艰难的技术动作，没有青少年大胆的想象和丰富的创造力是根本不可能的。如，体操运动中，追求以技术的难、新、美作为取胜和命名的前提。同样，在校园这一个业余层次的比赛或一般群众性体育活动中的获胜者，也是在自身技术水平上不断提高和创新的结果。因此体育运动的特征与青少年的创造性特征是相通相契的，对青年少年学生构成无穷的魅力。发展校园体育文化，开展各种体育活动，为学生提供一个良好的创造性发展的环境和气氛具有十分重要的意义。

（六）体育文化与学生自我调控能力

培养学生适应社会的自我调控能力，是个体最终社会化的重要方面。随着科学技术、知识经济的飞速发展，社会的生活节奏越来越快，社会责任义务的压力越来越大，这对学生适应社会发展的要求和能力越来越高。学校就要培养学生的自我调控能力，使学生具有不断自我学习、自我健身锻炼、自我心理调节等能力，才能适应社会发展的需要。体育文化是一种很好的培养学生自我调控能力的途径，对学生的身心调理有着十分重要的意义。首先是体育文化能够提高学生的认知能力；其次是体育实践锻炼能够培养学生的生活规律和良好习惯；再次是体育文化能够熏陶和陶冶学生的情操，养成积极的生活态度。因此，大力发展校园体育文化，开展积极有益的体育活动，促进学生的社会化进程是素质教育的目的所在，也是人文素质提高的体现。

二、校园体育文化结构

校园体育文化是指有关学校体育运动的物质文明与精神文明的总和。它是学校教育文化的有机组成部分，承担着培养全面发展人才任务的重要任务。在新世纪大力推进"素质教育"发展的今天，树立"健康第一"的教育思想对发展校园体育文化，促进培养学生适应社会发展的综合素质有着十分重要的影响。为此，研究校园体育文化的结构以及发展机制等问题，旨在为优化校园体育文化的建设，发挥学校体育的功能，促进学生身心素质全面发展进行积极的指导。

（一）校园体育文化的结构分析

校园体育文化是在学校范围内体育现象的全面展现。它与德、智、美、劳相结合、相促进在培养学生素质和社会化过程中发挥着重要作用。研究校园体育文化的结构，从它的时间过程和空间因素以及学校教育文化关系来考察：一是表现在时间系列上的准体育文化特征、传统体育文化特征、现代体育文化特征。准文化特征是那些早期体育文化，相对而言是不成熟、不完善的校园体育文化，但已具有体育文化的一些性质，如体育游戏、趣味活动等；传统体育文化是在一定历史时期背景下产生的具有较大影响力的校园体育文化，如传统的体育教学思想、教学模式、教学方法等；现代体育文化是在现代科学技术文化与社会进步的基础上形成的校园体育文化，如现代体育教育思想、教育改革模式以及体育方式方法等。二是表现在空间结构的体育文化特征，如体育静态文化、体育动态文化。静态体育文化是相对稳定的体育文化，如体育场馆、设施、器材、校园体育环境等；体育动态文化是活动中的体育文化，如体育教学活动、课外体育活动等。三是表现在体育文化与学校教育文化的统一特征，如物态的融洽性、管理运行的协调性。物态融洽性是体育的物质文化与学校的整体物质文化的融合统一，反映出校园体育物质文化的合理布局；管理运行的协调性是校园体育文化的管理与学校教育管理机制的统一性，如体育组织管理、制度、方式方法等应符合学校教育管理的要求统一。因此，对校园体育文化进行纵向和横向的综合性建构，它应包括了三个有机层面：校园体育文化的物质层面、心理精神层面、物质与心理结合层面。物质层面是体育的物化文化，处在外层起着基础作用，如校园体育环境、体育设施、器材以及体育活动等；心理层面是在内层（核心层），它是改革与发展进步的关键层，如校园体育氛围、体育精神、体育思维、体育价值以及学生体育认识等；物质与心理结合层面是校园体育组织管理机制、管理制度、管理方式方法以及参与活动中的社会关系等，它具有较好的理论基础，对体育文化发展起着巨大的推动作用。

它们三者相互联系相互促进，构成一个有机的整体，并且由内层向外层表现出强烈的制约作用，推动校园体育文化的改革与发展，展现社会时代的特点和教育的作用。

（二）校园体育文化的运行策略分析

在实践中丰富和发展校园体育文化，应从以下两方面运作：一是要充分利用现有的条件构建校园体育文化，使之在培养学生综合素质中发挥积极作用。这一运作程序是，建立校园体育文化的目标体系，丰富体育内容体系，发展方法体系，形成组织管理的良性机制，使校园体育文化的功能在实践中得到充分发挥。二是要发展创新校园体育文化，不能墨守成规老套行事，应该不断吸收国内外的先进体育文化成果，结合学校实际，在实践中加大体育教育改革的力度，有创造性地发展校园体育文化，更好地为学校培养适应新世纪社会发展的高素质人才服务。

三、体育显性文化与隐性文化

学校体育文化改革与发展是现代体育教育研究的重要课题之一。近年来，国内外不少学者对体育文化的显性和隐性问题进行了积极的研究，推进了学校体育教育的改革。但是，由于思维方式的局限性，不少学者把显性文化与隐性文化的关系对立起来，强调一方面，而又忽视另一方面，显然是错误的，是缺乏辩证思维的反映。人们对体育显性文化的理解比较明确，它是指正式列入学校教学计划中的教学活动，是有形的、具体的、看得见的教学活动，如教师的讲解示范、学生的练习等。而对体育隐性文化的理解还没有一致的看法，有的认为隐性文化是潜在的、无形的、看不见的影响文化；有的认为隐性文化是教学计划之外的，不通过教学活动而存在于学校和班级的情境中，潜移默化地影响课程文化。

总的来说，显性文化和隐性文化是学校体育文化的两方面，相互依存相互促进，缺一不可；任何显性文化活动必然反映出特定的隐性文化的内涵。

（一）体育显性文化与隐性文化在教育目标上的辩证统一性

体育教育目标是体育教育工作的方向和归宿；又是师生教育活动的依据和评价教育质量的标准。现代体育教育思想认为：体育教育的目标应以科学主义和人文主义为指导，充分利用体育的生物效能、心理效能和社会效能促进学生的体格、体能、心理、适应社会能力的全面发展。这说明体育教育的各种教育因素和过程都要服务于学生的全面发展，提高学生的理性能力和非理性能力，把体育显性文化和隐性文化的目标方向统一起来。作为体育显性文化，理应完成这个目标的要求，组织好教学过程的诸因素，提高学生的理性能力。体育隐性文化，它也要按照这个目标方向的要求，通过优化学校体育物质环境、树立体育传统、风气和氛围以及发挥教学过程的行为方式、人际关系等良好影响，来发展学生的非智力因素。可见，体育教育目标的实现，应是体育显性文化和隐性文化的有机统一性。因此，在"体育与健康"课程教育改革过程中，教育者应该充分利用显性和隐性文化的教育作用为培养全面发展的学生服务。

（二）体育显性文化与隐性文化在教育内容上的辩证统一性

体育教育内容是师生教育活动的主要依据，它是从体育素材中精选的教育材料，它既有丰富的外显性也有深刻的内隐性。如篮球教材，通过教学活动它一方面使学生掌握篮球的基本知识和技能，另一方面又使学生在教学活动中得到良好的心理素质、健全人格的培养。任何一种体育教材，它具有丰富的认知性和非认知性的特点，其作用的效果决定于体育教师和学生的活动方式。可见体育教育内容是体育显性文化和隐性文化的载体，没有一定的教学内容，两性课程文化不可能存在。所以说体育显性文化与隐性文化在教学内容上具有统一性的特点。但是不同的教材，所含的隐性教育作用有所不同。这就要求体育教育改革中，应精选好体育教学内容，开展丰富多彩的体育活动，培养学生的体育与健康意识，促进身心全面发展。

（三）体育显性文化与隐性文化在教学过程上的辩证统一性

体育教学过程是教学活动的步骤和程序。它是在特定的时间和空间范围内展现教学活动的诸因素，如教学目标、教学内容、教学组织方法、师生关系以及教学条件和环境等，使学生得到认识和发展的过程。体育显性文化是使学生掌握体育基本知识，形成技能，增强体质，提高体育认识的过程；体育隐性文化是培养学生体育意识，体育感情，促进学生心理发展的过程；两者统一于体育教学过程中。体育的知识和技能是前人积累下来的精神财富，需要通过体育教学过程来使学生认识和利用，体育显性文化应该遵循学生的认识规律，提高学生的体育认识水平；体育思想和价值以及体育内涵也具有重要的教育和感染作用，也需要通过体育隐性文化来使学生感悟，得到心理的发展。因此体育教学改革中应充分利用体育显性和隐性文化的作用，组织好两性课程文化的教学过程提高体育教育效果。

（四）体育显性文化与隐性文化在教学组织与方法上的辩证统一性

体育教学组织与方法是实现教学任务的途径和办法。体育显性文化的教学组织与方法主要是教学活动的组织、学生练习的活动方式以及变换形成等，它是仅仅为了使学生获得体育认知，掌握动作技能和健身方法，提高身体的体质和健康水平来安排的。体育隐性文化的教学组织和方法，没有特定的外形，它蕴藏在体育显性课程文化的教学组织和方法之中，反映在教师的教学意识和学生的练习之中，但具有非常大的教育作用。如教学中队形队列的组织和方法，从外形来看它是体育显性课程文化的方面，从内涵来看它又反映出教师的用意和学生受到教育的影响有所不同。可见，任何一种组织方法都有显性和隐性的两方面体现出辩证统一性。因此在体育教育教学组织和方法应用中，应充分发挥两性体育课程文化的作用提高体育教育的效益。

（五）体育显性文化与隐性文化在教学管理与评价上的辩证统一性

体育教学管理与评价是指遵循体育教学规律，对教学活动过程进行组织、指挥、检查、评定的工作过程。它对保证体育课程教学的顺利进行，不断提高体育教学质量有着重要意义。体育课程管理与评价的各环节工作，体现出体育显性和隐性课程文化的统一性，如：在体育教学计划中就要考虑显性课程文化的科学安排，又要体现隐性课程文化的教育影响；在组织教学中要合理安排显性课程文化的教学工作，又要充分利用隐性课程文化的教育作用；在指挥调控教学中要保证显性课程文化教学的有效性，又要发挥隐性课程文化潜移默化的影响作用；在体育教学的检查与评价中要做到显性课程文化的客观事实性，又要体现隐性课程文化实事求是的激励性。因此在体育教学管理与评价中既要对显性课程文化进行合理有效的管理和评价，也要积极有效地把握体育隐性课程文化的教育作用，将两者辩证统一起来，激发师生提高体育教学的积极性，推进体育教育健康发展，更好地为培养身心全面发展的高素质人才服务。

总之，通过研究分析，体育显性文化和隐性文化是体育课程教学的两个方面，一个是外显性，一个是内显性，两者的有机结合构成体育课程文化的整体，它们是相互依存、相互影响、相互区别，辩证统一的关系。表现在课程教学目标上为培养学生身心全面发展的统一性；课程教学内容上的载体性；课程教学组织与方法上的同一性；课程教学过程上的合一性；课程教学管理与评价上的全面性。因此在学校体育教育改革中应全面理解课程文化的含义，充分利用体育显性课程文化和隐性课程文化的教育作用，在确定体育教育目标，选择体育教育内容和方法或组织教学过程，以及评价体育教育工作中都要科学合理地处理显性和隐性课程文化的关系，使之更好地为培养学生的身心素质服务。

第六章　体育教学中的健康教学

第一节　科学锻炼与营养卫生

体育锻炼已经成为学生生活中必不可少的一部分，为了更好地促进学生的身体发育和提高学生的健康水平，就必须注意运动与营养卫生，以获得通过运动锻炼促进生长发育、增进健康的效果。

一、体育锻炼的理论依据

体育锻炼的理论依据主要是进化的适应论、锻炼过程的新陈代谢理论、超量恢复的原理。

（一）进化的适应论

适应是一切生物的基本特征，也是生物生存的基本条件，任何生物如果不能适应就不能生存。所谓适应，就是当环境改变时，生物有机体能产生一种适应性变异来适应环境，并且通过获得性的遗传，使群体中的有利变异得到保存，有害变异被淘汰，经过世代的留良汰劣，导致生物类型的转化和适应的改进。人体的生存和发展，离不开自然环境和社会环境的制约。良好的环境促进人体向着健康的方向发展，恶劣的环境妨碍人体的正常发展。环境的变化常给人体发展带来许多方面的影响。这种影响不仅限于肉体，而且涉及精神。人体发展的首要条件，是不断地与客观环境取得动态平衡。人不仅能消极地适应环境，更重要的是能积极地改造环境，利用环境为人类服务，从而为人体的完善发展创造条件。

体育锻炼对人适应客观环境和增强体质的作用，正是遵循上述生物进化和发展的规律的结果，即通过负荷、适应、增加负荷，到高一级水平上的适应过程，从而不断提高有机体的适应能力和改善各器官系统的机能和性状。运动员的体格和身体素质的发展要远远高于一般的人，经常坚持锻炼的人，心肺功能也比普通人要强，这就是负荷、适应、增加负荷、高一级水平的适应进化理论的具体体现。

生物进化的适应，正是体育锻炼能够逐步改善人体体质的生物学依据。

（二）新陈代谢理论

生命的新陈代谢是一个十分复杂的过程。新陈代谢一般是指生命物质与周围环境进行物质交换和自我更新的过程。新陈代谢包括物质代谢和能量代谢，人体在不同环境条件下的物质和能量代谢是在各种激素的调控下进行的。

体育锻炼时，人体各器官活动的加强，必须以代谢活动的相应加强为前提才能实现。体育锻炼后，由于身体活动而引起的能量物质的消耗，引起同化作用的加强，加速恢复过程，可使体内组织细胞得到更多的补充，使有机体获得更加旺盛的生命，这就是体育锻炼可以增强体质的生理过程和理论依据。

（三）超量恢复原理

体育锻炼是一个对能量物质消耗比较强烈的过程，它引起异化作用的加强，同时也出现同化作用的加强。有机体在一定的运动负荷之后，通过蛋白质的更新来恢复自己的工作能力时，并不是简单地抵偿工作的消耗，而是机能水平的恢复和工作能力的表现都超过了原有水平，体内的物质得到补充、增加和积累，此时再进行下一次的体育锻炼，就能使前次提高了的机能水平逐步巩固下来。如此循环锻炼，就能不断促进机体的发展。事实证明，不进行体育锻炼，机体没有大的消耗，总是处于同化作用和异化作用相对平衡的状态，体质不能得到增强。只有当身体承受一定的运动负荷时，才能刺激有机体打破旧的平衡，获得超量恢复，在新的条件下建立新的平衡。

二、科学锻炼

科学锻炼，既要遵循运动技能形成的规律，又要遵循人体生理变化的规律，还要加强自我监督，以达到增强体质、增进健康的目的。它包括遵守体育锻炼的原则，掌握合适的运动量，适当的整理活动和有效消除运动疲劳等方面。

（一）体育锻炼原则

1. 自觉积极性原则

自觉积极性原则是指进行体育锻炼出自锻炼者内在的需要和自觉的行动。锻炼者必须有明确的健身目标，自觉地从事体育锻炼。

体育锻炼是属于人类的一种有目的、有意识的健身活动。锻炼者必须建立在"善其身者无过于体育"的心境中进行，方能节节有效。自觉地参加体育锻炼，能使大脑处于适宜的兴奋状态，由于神经中枢处于最佳的工作状态，肌体糖原增多，体力充沛，动作协调，加快了学习掌握动作技术条件反射的形成过程，从而提高体育锻炼的效果。因此，自觉积极性原则在体育锻炼中具有非常重要的意义。

随着社会的发展，同时也带来了一些社会性问题，如社会老龄化，文明病的出现以及闲暇时间的增多而缺乏活动场地等。为了解决好这些社会性问题和满足人们精神享受的需要，体育越来越成为提高人们的生活质量、满足人的机体需要和精神享受的一种重要手段，成为人类文明、科学、健康的生活方式不可缺少的一部分。由此，体育锻炼的自觉积极性原则的意义更为人们所理解，同时也更强调自觉积极性原则在人们健身、健美和延年益寿方面的作用。贯彻自觉积极性原则的具体要求：

第一，提高认识，明确体育锻炼的价值和意义。

第二，掌握一定的体育锻炼知识和技能，培养和形成对体育锻炼的兴趣和爱好。

第三，自觉地遵循体育锻炼原则，选择符合自身条件、兴趣的运动项目，正确使用科学方法进行锻炼。

2. 从实际出发原则

从实际出发原则是指参加体育锻炼者，应根据自己的实际情况，选择体育锻炼的内容、手段和方法，合理安排运动负荷。

体育锻炼必须从锻炼者的年龄、性别、职业、健康状况、体育基础、生活条件、地理环境、季节特点、传统习惯、兴趣爱好等实际情况出发，决定其行之有效的运动项目、锻炼内容、方法、运动负荷、强度、练习次数等，不可千篇一律，强求统一。因此，要使体育锻炼收到实效，在锻炼的任务、内容和方法上以及锻炼的运动负荷量和强度方面，必须因人而异，依人下处方。贯彻从实际出发原则的具体要求：

第一，注意针对性和实效性。根据自己职业的特点、身体健康状况等，有针对性地选择体育锻炼的内容和方法。内容要少而精，力求实效。个人可根据自身特点，选择 1～2 项经常锻炼。

第二，根据自己的体育基础，正确制订个人锻炼计划或运动处方。计划或处方应当严谨，执行应当严格，并注意进行阶段性的调整。

第三，体育锻炼的形式以个人为佳，组织集体锻炼或参加集体性项目活动，必须注意从实际出发，个别对待。锻炼中要克服怕累、怕羞等思想障碍，要在原有基础上不断提高锻炼的效果。

3. 全面性原则

全面性原则是指通过体育锻炼，运用各种身体练习手段，进行不同性质活动，使人的形态、机能、素质和心理品质都得到全面和谐的发展。

人体是一个统一的有机整体。人体的各个部位、各器官系统的机能、全身的各种素质的基本活动能力之间是互相联系、互相制约的。身体某一系统机能的提高，会影响全身各系统机能的发展，而身体各系统机能的普遍提高，又会促进身体某方面机能的大幅度提高。体育活动和人的体力、心力、身体体质以及精神活动之间有着内在的联系。

按照"用进废退"的发展规律，体育锻炼能促进人体新陈代谢，使人体各系统、组织、器官和谐发展，使人身心并健。人的体力与心力要和谐发展，也就是人要身体和精神的完美结合，因而既要重视锻炼身体，又要重视锻炼精神，把锻炼身体和培养优良的心理品质有机地结合起来，才能收到良好的效果。所以，贯彻全面性原则，应在锻炼的内容和方法上力求全面影响身体，即在体育锻炼中应力求使身体素质和身体各器官系统的机能以及心理品质都能得到全面发展。贯彻全面性原则的具体要求：

第一，身心的全面发展，要从适应社会、环境、抵抗疾病的能力，改善机体形态，提高机能的功效，陶冶情操，愉快心理，丰富文化生活等方面着眼。

第二，针对个人的实际，有选择地从事简单易行、富有实效的体育锻炼。

第三，体育锻炼内容，应根据不同年龄、不同季节予以适当调整，而且要针对自身的薄弱部位采取"抑其过，补其不及"的锻炼方案，促进身体各个部分、各种身体素质和心理品质的全面提高。

4. 经常性原则

经常性原则是指体育锻炼必须持之以恒，并成为日常生活的一项内容，坚持进行长期的、不间断的锻炼。

众所周知，生命在于运动，运动宜贵有恒。人体各器官系统的活动机能，需要有一个逐步提高适应的过程。机能水平的提高，各种运动素质的发展，运动技能的形成和巩固，都是长期坚持体育锻炼的结果。

体育锻炼的直接作用是促进体内异化作用的加强，继而得到同化作用的加强，加快体内物质的合成，从而使机体内部的物质得以补充、增加和积累。这一变化过程的重要条件，在于保持体育锻炼的时间、强度、次数的衔接性和连续性。如果长期停止体育锻炼，已获得的效果就会消退以至消失，各器官系统的机能就会慢慢减退，体质就会下降。贯彻经常性原则的具体要求：

第一，建立个人的锻炼常规，合理安排锻炼间隔，确定锻炼次数和锻炼时间。体育锻炼的效果并非一劳永逸，如果锻炼间隔的时间过长，锻炼的效果就不明显。因此，每次锻炼的安排间隔要合理。锻炼要有长期计划、短期安排，计划安排要根据锻炼者身体适应运动负荷的能力来制订。一般情况下，轻微的运动和中强度的锻炼，安排间隔时间要短，最佳效果为天天练，隔日锻炼也有效果；强度大的运动安排的次数可少些。

第二，锻炼者要有明确的认识和坚定的信念，锻炼贵在坚持。锻炼的内容和方法要由易到难，由简到繁。持久锻炼，日积月累，健身益心成效显著，兴趣逐渐产生，达到身心愉快，从而养成经常锻炼的好习惯。

第三，坚持经常体育锻炼，要从自己的身体实际出发，因人而异。

5. 循序渐进原则

体育锻炼的循序渐进原则，一方面是指运动负荷的大小，应根据人体生理机能活动和体力情况由小渐大地安排；另一方面是指为了掌握一个动作或一个运动技术，应注意由易到难，由简到繁，循序渐进地进行练习。

在体育教学与训练中，运动负荷过小，刺激较弱，不能引起机体机能的变化，因而达不到体育锻炼的目的。但是运动负荷过大，超过了机体的承受能力，刺激过强对机体会产生不良甚至是破坏的作用。因此，必须使学生对一定的运动负荷逐渐适应以后，再增加到适当的运动负荷。因为随着锻炼效果的发展和体质的增强，机体对原有的生理负荷反应越来越小，效果就必然有所减弱，因此，需要增大刺激的强度，增加教学训练给予机体的生理负荷。只有这样才能促进各器官系统的机能逐步提高，从而使体质不断增强。另外，在身体锻炼的各个环节上也要注意贯彻循序渐进的原则。

第一，每一次锻炼要注意练习强度逐渐增大，符合人体在参加运动时机能活动变化的规律。

第二，在一定范围内，逐步增加锻炼的时间和次数。

第三，在锻炼的内容上，由简到繁、由分到合。

第四，在锻炼的要求上，要由易到难、由低到高，逐步加大难度。

6. 适宜运动负荷原则

适宜运动负荷原则是指根据每个锻炼者的实际情况（年龄、性别、健康状况等），合理地确定其运动负荷和强度。

适宜的生理负荷是指进行体育锻炼时的运动强度，锻炼的持续时间及锻炼的频率要适当。适宜的运动负荷能收到良好的锻炼效果。运动负荷不足或过大不仅不能获得理想的效果，还可能损害健康。

锻炼效果的大小，很大程度上取决于运动刺激的强度，弱的刺激不能引起机体机能的变化；过强的刺激有害健康，只有适宜的负荷和强度，才能有利于能量消耗的恢复和超量补偿。适宜的负荷是相对的、可变的、渐进的、有节奏的，要根据锻炼者个体的具体情况而确定。贯彻适宜运动负荷原则的具体要求：

第一，锻炼时要量力而行，遵循客观规律和注意自我感觉。要把自我感觉和生理测定相结合，使锻炼具有针对性。

第二，要根据年龄、性别、气候、劳动强度、营养、睡眠、兴趣等综合因素，合理安排运动负荷和运动的间歇。

第三，逐步增加运动负荷，并进行医务监督，使得机体机能不断提高。

确定运动负荷标准的方法较多，脉搏是掌握运动负荷比较实用的方法。常用的方法有以下三种：

第一种，一个接近极限运动负荷的脉搏次数减去安静时的脉搏次数，乘以70%，再加上安静时脉搏次数，这是对身体影响最好（获最大摄氧量和心输出量）的运动负荷。

第二种，以脉搏150次/分钟以下（平均是130次/分钟）的超常态运动负荷为指标，谋求提高有氧代谢能力。

第三种，以180次/分钟减去锻炼者的年龄，作为锻炼时的每分钟平均脉搏数。

坚持体育锻炼，能同时达到健身、健心、健美的效果，提高机体的工作能力，科学地贯彻体育锻炼原则有益于学生身心的全面发展。体育锻炼中，所有的锻炼原则都是相互联系、互为补充的，在实际锻炼中认真贯彻，必能取得实际效果。

（二）体育锻炼的内容与选择

体育锻炼的内容丰富多彩。人们在体育锻炼时可根据各自的目的、条件、特点和兴趣选择运动项目作为锻炼内容。

根据运动项目的性质和锻炼目的，可分为以下几类：

1. 竞技运动

竞技运动是以科学的、系统的训练，通过竞赛的方式，达到最大限度发挥个人或集体在体格、体能、心理和运动能力等方面的潜力，从而取得优异成绩的一种体育运动。

竞技运动具有技艺性高，竞赛性强，按照严格统一的规则进行竞赛，所取得的成绩为社会所承认的特点。

竞技运动项目较多，不同的运动项目具有不同的锻炼作用。因此，选择以竞技运动项目作为体育锻炼内容时，要从实际出发，有目的、有计划地选择容易开展、趣味性强且锻炼价值较高的竞技运动项目进行体育锻炼。

2. 健身运动

健身运动是为了增进健康，保证人体正常的身体形态与机能协调的能力，提高身体素质，提高基本活动能力的运动。它主要增强人体内脏器官的机能，特别是心血管系统和呼吸系统的机能以及力量、耐力等素质，以进行有氧代谢的锻炼为主。由于参加者的年龄、性别和健康状况不同，所采用的内容也不一样，一般来说，青少年常运用田径、体操、球类、滑冰、滑雪、游泳等来锻炼身体；中老年人则一般采用跑步、打拳、骑自行车等来锻炼身体。

3. 健美运动

健美运动是以徒手练习和各种器械练习为练习形式，在较短时间内以增强体质、强健体魄、发达肌肉、健美体形为目的的一种体育运动项目。它可以利用杠铃、哑铃、拉力器和各种单项和综合健身器，根据人体生理解剖特点，采用各种具有显著效果的锻炼方法，做各种力量练习和柔韧性练习，也可以采用健美操、韵律操、艺术体操和各种舞蹈来达到上述目的。它不仅能够增进健康，还可培养审美力和身体的表现能力。

健美运动是符合青少年，特别是符合女子所希望的形体美、曲线美的心理特点的运动，对于改变过胖、过瘦的体形，矫正不良姿态，塑造形体美有着特别重要的意义。

4. 娱乐性体育

娱乐性体育是以调节人的精神，丰富文化生活，愉快地度过余暇时间而开展的带有娱乐性质的体育活动。

娱乐性体育种类多，如游戏、踢毽子、放风筝、跳皮筋、渔猎、游泳、滑旱冰、跳绳以及欣赏各种体育比赛等。这类活动不仅使人身心愉快，而且能锻炼身体，陶冶情操，提高生活质量。

5. 格斗性体育

格斗性体育是指那些掌握和运用徒手或持器械的攻防技术的体育锻炼，达到既能强身，又能自卫的目的。例如，拳击、角力、擒拿、散手、推手、空手道、击剑等。

6. 医疗体育

医疗体育是指运用体育手段治疗疾病和身体受损后机能的康复。它是根据疾病的性质有针对性地采取相应的体育手段和方法。

走、跑、太极拳、气功、保健操等一般适宜作为体育手段，可与其他医疗手段相结合。对于某些疾病可在医生的指导下进行锻炼，其效果更为显著。

(三) 选择体育锻炼内容的原则

怎样选择体育锻炼的内容是体育锻炼中一个十分重要的问题，内容选择得是否恰当，直接关系锻炼的效果和锻炼者的积极性。因此，选择体育锻炼内容时，应注意以下几点：

1. 目的性

选择锻炼内容时要有明确的目的。是健身还是健美，是娱乐性还是医疗性，在选择内容前，必须有一个明确的目的，并根据自己的目的去选择适合本人的锻炼内容。

135

2. 实效性

选择体育锻炼内容时，要注意它的锻炼价值，不要贪多，力图少而精，求实效。

3. 全面性

选择体育锻炼内容时，要考虑到全面锻炼身体的目的。这不仅对青少年学生是非常重要的，而且对中老年人也是不可忽视的。当然，全面性并不意味着选择内容越多越好，而是把全面性的锻炼与少而精的内容有机结合起来考虑。

4. 趣味性

锻炼内容比较有趣味，不仅能调动参加锻炼者的积极性，而且有利于提高锻炼效果。

5. 季节性

在选择体育锻炼内容时，要考虑到季节气候和环境条件，应因时、因地制宜。

（四）体育锻炼的方法

体育锻炼方法是指根据人体发展规律，用各种身体练习和自然因素来发展身体的途径和方式。体育锻炼方法是贯彻体育锻炼原则，达到体育锻炼目的的桥梁。

体育锻炼的方法、手段、内容很丰富，形式灵活。运用体育锻炼方法，应从实际出发，灵活运用，防止形式主义。

1. 运动处方及个人锻炼计划

（1）运动处方

运动处方是近年来随着大众体育的广泛开展而发展起来的一种科学锻炼身体的方式。它是根据从事体育锻炼者的身体情况，结合生活环境条件和运动爱好等个体特点，采用科学的、定量化的系统锻炼，争取最佳锻炼效果的一种锻炼方案。

运动处方类似医生给病人开的医药处方，由指导医生或教练员给运动锻炼的人，按其年龄、性别、心肺或运动器官的机能，运动经历和健康状况等特点，用处方的形式，规定适当的运动内容和运动负荷，故称为运动处方。

运动处方的种类很多，有针对运动员训练的竞技性运动处方和一般人的健身运动处方；也有针对某些慢性疾病和创伤病人康复期的治疗性运动处方和健康人的预防性运动处方。预防性运动处方主要以中老年健康人为对象；治疗运动处方是以某些疾病患者、慢性病和创伤的康复者为对象。

这种方法包括健康诊断、体力测定、处方设计、锻炼实践、效果检验和处方调整全过程。

制定运动处方时，要进行系统的体格检查，了解身体健康状况。健康检查和体力测定，就是检查是否有病，是否适合于运动，是否适宜参与某些项目的活动。体力测定是确定运动处方的运动项目、强度、持续时间和次数的前提条件，有了体力测定的若干数据，才能确定运动处方中的运动负荷。例如，用12分钟跑，测得了耐力情况，就可决定在运动处方中跑的距离、时间等，说明运动处方的科学性。根据运动处方的要求经过一段时间或一个周期锻炼之后，又可通过健康检查和体质测定得到反馈信息，以便及时调整处方的内容和练习的强度、数量，评定运动效果，并为制定下一阶段或周期的运动处方提供依据。因此，可以说运动处方是一个通过身体检查，根据每个人的年龄、性别、运动经历等健康状况而制定的锻炼项目，是一个确定锻炼方法和运动负荷的锻炼计划。

（2）个人锻炼计划

个人锻炼计划是锻炼者进行体育锻炼的具体安排。制订个人锻炼计划能克服体育锻炼的片面性、盲目性，做到心中有数，有的放矢，使体育锻炼有目的、有计划、有组织地进行。

①个人锻炼计划的基本内容。个人锻炼计划的基本内容包括锻炼者现实状况的分析，包括学习工作情况、健康状况、兴趣爱好、体育基础、心理状况等；个人锻炼的目标；锻炼内容的比例和指标；锻炼的主要手段和方法；运动负荷量和负荷强度的大体分配；可能条件下采取的恢复措施；检查和评定锻炼效果。

②制订个人锻炼计划的方法。制订个人锻炼计划是锻炼中不可缺少的环节，切实可行的锻炼计划能提高锻炼积极性，使锻炼获得预期效果。对于一般学生，在制订锻炼计划时，可根据学校的作息制度和具体条件，安排锻炼时间和周期，一般以一学期为一个周期比较恰当；也可根据季节气候条件，把一学期按月分成几个阶段，并制定出各阶段的具体任务和指标要求。

制订个人锻炼计划可采用两种方法：一是阶段计划；二是每次锻炼的计划。阶段计划是对一段时间（1~6个月）的锻炼重点、时间、内容、方法和运动负荷进行较长期系统的安排；而一次锻炼计划则是根据阶段计划的安排，对一次锻炼内容、时间分配、运动负荷（如距离、时间、次数、重量等）以及准备和整理活动等进行具体而详细的安排。制订个人锻炼计划可用表格式，也可用文字的形式，或两种形式并用，但要简明、扼要，能说明问题。

在制订阶段锻炼计划时，首先要确定每周的锻炼次数和时间。然后根据每周的锻炼次数，运动项目的难易程度和锻炼者水平来安排各项锻炼计划。

重点项目确定后，每次锻炼可以配合身体素质练习，并拟订练习的具体动作和方法以及练习的时间和次数等，按各人的不同情况，提出不同的要求。

在安排每次锻炼内容时，一般先安排重点项目。就身体素质而言，一般速度、灵敏性的练习放在前面；就技术动作难易程度而言，也要由简到繁，由易到难；就项目性质而言，要把学习新的项目放在前面；就身体活动部位而言，一般应按上、下肢顺序安排。总之，项目的安排应有利于促进身体的全面发展，有利于更好地学习和掌握运动技术和技能。

③制订个人锻炼计划的要求。遵循体育锻炼的基本原则制订计划。首先要考虑全面锻炼原则和循序渐进原则。在制订计划时，选择项目应多样化，使上、下肢和躯干都得到锻炼，并使内脏器官的机能也相应得到提高。在提高身体素质方面，也应使力量、速度、耐力、灵敏性、柔韧性等都得到发展。整个计划的内容安排应由简到繁，由易到难；运动量的安排应由小到大，逐渐增加，有系统地进行锻炼。

少而精，求实效，使身体得到充分的锻炼。体育活动内容丰富，要根据个人的实际需要与具体条件，选择其中适合自己的内容进行锻炼，并持之以恒，必能收到良好效果。

在制订计划时应从实际出发，注意场地、器材设备等条件及自己的体质、体育基础，制订出切实可行的锻炼计划。

客观实际是制订锻炼计划的基础，实践是检验计划的标准，计划必须从实践中来，再到实践中去，通过反复实践，不断修改和完善。

2. 提高身体素质的方法

身体素质是人体活动的一种能力，是指人体在运动、劳动与生活中所表现出来的力量、速度、耐力、灵敏性及柔韧性等机能的能力。它是一个人体质水平的重要标志。

（1）发展力量素质

力量素质是指肌肉在工作中克服内外阻力的能力。经常进行力量练习，能使大脑皮层的兴奋与抑制过程集中，增加兴奋过程的强度，促使运动器官的发展，发达肌肉，强健骨骼，增强力量。

按肌肉收缩的性质，力量可分为静力性力量和动力性力量两种。静力性力量是指肌肉做等长收缩，肢体不产生明显的位移，如体操中平衡动作等；动力性力量是指肌肉做等长收缩或拉长，肢体产生明显位移，或推动运动器械进行运动，如举重、投掷、器械等。

按人体表现出的力量与本人体重的关系，可分为绝对力量和相对力量。绝对力量与体重无关，而相对力量则为每公斤体重表现出的力量。

按力量表现的形式分为速度力量和力量耐力。速度力量表现肌肉快速用力的能力，又称爆发力；力量耐力是指人体持续重复克服阻力的能力。

发展力量素质应注意：①静力性和动力性练习相结合，防止片面发展。②力量练习的间隔一般为隔日。③力量练习时要注意运用正确的呼吸方法。④练习前做好准备活动，练习后要做调整性或放松练习。

（2）发展速度素质

速度素质是指身体在单位时间内移动的距离和快速做某一动作的能力。速度表现形式有反应速度、动作速度和移动速度。发展速度素质的方法：

①反应速度是指人体对各种刺激发生反应的快慢。提高反应速度可采用各种突发信号使身体做出反应。例如，起跑、突停、停跳、转身等。

②动作速度是指完成单个动作和成套动作时间的长与短。可采用缩短动作时间、距离、减轻器械重量或利用特定的场地，如斜坡跑道做快速练习。

③移动速度是指人体在进行周期性运动时通过一定距离的时间。一般是在很短的时间反复快速地进行练习，如快跑、快速传球等。

（3）发展耐力素质

耐力素质是指人体持续工作时克服疲劳的能力。耐力素质对其他素质的发展具有极其重要的作用。耐力包括一般耐力、速度耐力、力量耐力和专项活动耐力。由于肌肉工作时供能方式的不同，耐力分为有氧耐力与无氧耐力。

有氧耐力在运动中以肌糖原、葡萄糖、脂肪等能量物质的有氧分解供应能量，主要依靠心肺机能的水平。采用长时间的持续练习和间歇练习法效果较明显。发展有氧耐力的锻炼方法：

①以有氧代谢为主的练习。整个锻炼过程以有氧代谢为主，心率一般在 120~150 次/分钟之间，练习时间为 15 分钟以上，1~2 小时为佳。一般采用 2~4 分钟的连续练习，或 5~20 分钟跑和 2~20 分钟间歇跑（跑 1 分钟间歇 1 分钟，跑 2 分钟间歇 2 分钟，直到跑完 5 分钟为一组）；或采用较长距离的跑、球类、骑自行车、滑冰、游泳等。

②以有氧代谢结合无氧代谢的练习。一般是中等强度和中等以上强度的练习。发展无氧耐力的锻炼方法：无氧耐力是指在缺氧情况下，进行肌肉活动的能力。提高无氧耐力的方法主要是采用短时的高强度的练习。强度为 75%，心率为 170~180 次/分钟，一般采用短距离跑、游泳、打篮球等较为剧烈的比赛和时间短、强度大的运动。

（4）发展灵敏素质

灵敏素质是指在外界条件变化的情况下，人体表现出来的迅速、准确、灵活、协调的应变能力。它是人体各种活动技能和运动素质在运动中的综合表现。发展灵敏素质有利于速度素质的提高和充分发挥肌体的力量和耐力。发展灵敏素质的方法：

①提高大脑皮质神经过程的灵活性，采用变换条件的多种多样的练习。例如，变换信号在各种不同准备姿势的起动、变向跑、闪躲跑等。

②提高灵敏性应加强发展肌肉的力量及关节的柔韧性，尤其应注意发展爆发力和培养协调性与放松的能力。

③从事多项运动，掌握多种运动技能会更好地发展灵敏素质。

④多进行体操、球类、技巧、摔跤、击剑、拳击、跳跃等项目的锻炼能有效地发展灵敏素质。

发展灵敏素质应注意的问题：发展灵敏素质要与速度、力量、柔韧性等素质结合进行；灵敏性练习应在适宜的兴奋状态、良好的心理状态下进行；灵敏素质因年龄、性别、个体差异较大等因素，应根据具体情况进行锻炼。

（5）发展柔韧性素质

柔韧性素质是指人体关节、韧带活动的能力。发展柔韧性素质有两种形式：一是在助力的作用下进行关节活动的运动形式；二是主动控制肌肉的紧张与放松进行关节活动的运动形式。

具体方法有肩、腰、髋等关节的拉、压、顶，以及腰的回旋、屈伸，腿的踢，臂和肩关节的摆、振、绕环等练习，可以徒手、持器械，或在器械上进行主动和被动的各种练习。

发展柔韧性素质应注意的问题：做好充分的准备活动，使身体发热，减少肌肉的阻力；动作的幅度与强度要注意由小到大，但每次练习，应达到最大的活动范围，如不逐渐增大则柔韧性素质的发展效果不明显，甚至减退；不同部位的练习交替进行，练习中一般应先拉压，后振踢，先主动后被动，由小到大，由弱到强；坚持每天练习效果最佳。

3. 自然力锻炼的方法

自然力锻炼是指充分利用日光、空气、水等自然力因素的作用来锻炼身体，以提高机体对外界环境的适应能力和对疾病的抵抗能力的方法。人体和自然的关系，有一个内外环境的统一与平衡的问题。日光、空气、水是与人们生活息息相关的三大自然要素，对人体健康具有重大作用。充分利用自然环境三大要素锻炼身体，不仅可以提高人体对外界的适应能力，经受各种气候条件的急剧变化，提高机体对疾病的抵抗能力，而且还能增强神经系统调节能力，促进新陈代谢，增进健康。

（1）日光浴

日光浴是一种健身方法。日光是生物赖以维持生命活动的刺激物，按照一定的方法使日光照射在人体上，会引起一系列生理、生化反应。科学地进行日光浴锻炼身体，能促进青少年的身体发育，加强新陈代谢过程，改善身体健康状况，增强体质。

①日光浴对人体的作用。日光中的紫外线（390微米以下的不可见短波光）有很强的杀菌作用，能抑制细菌的滋生，增强皮肤的抵抗力，提高关节的活动性，而且紫外线能使人体中的"7-脱氢胆固醇"转变为维生素D，从而促进人体对钙和磷的吸收与利用；促进骨骼的正常发育，防治软骨病和佝偻病等；增加色素沉着，增强皮肤抗病能力；刺激造血

机能，产生更多红血球，提高血液循环系统的机能。日光中的红外线（700微米以上的不可见波光）能透过皮肤，对皮下组织起温热作用，提高新陈代谢，改善组织营养，对运动器官及组织有一定的保健医疗作用。光线为310~760微米的不可见波光，能调节神经活动过程，使人心情愉快。

②日光浴的方法。日光浴锻炼可与日常生活或体育锻炼结合进行。如打篮球、踢足球、跑步、游泳、从事沙滩排球游戏等。专门进行日光浴时，在浴前应先做空气浴3~5天，在阴凉处利用散射光进行适应锻炼，以后在每次日光浴前，先做5~10分钟的空气浴，以免突然受刺激，出现剧烈的反应。

进行日光浴时，可采用卧位或坐位。坐位时，可先晒下肢和背部，后晒上肢和胸腹部，卧位时的照晒顺序是俯卧、左侧卧、仰卧、右侧卧。每隔2~3分钟改变一次体位，使身体各部分表面均匀照射。日光浴后应多饮凉开水或淡盐水，以防中暑，并用凉水冲洗全身，游泳片刻后，再在阴凉处略作休息。

（2）空气浴

空气浴是利用空气的温度、湿度、气压，散射的日光和阴离子等物理因素对人体的作用，来提高机体对外界环境的适应能力的一种健身方法。

空气是人们赖以生存的重要因素和条件，充分利用这一自然因素进行身体锻炼，对促进健康、提高工作效率和预防疾病有重要作用。空气浴锻炼的作用主要是运用气温和皮肤温度之间的差异，形成刺激，使体温调节机能更加完善，更好地适应外界环境的变化。空气对人体的作用与影响和它的物理性质即气温、湿度、气压和阴离子等有关。

①气温、湿度、气压对人体的作用。气温、湿度、气压会对皮肤和人体体温调节系统引起不同程度的变化。

②空气中的负氧离子对人体的作用。空气中存在的负氧离子对人体有良好作用。它经过呼吸进入体内，对中枢神经系统、新陈代谢、血液成分、呼吸、循环及内分泌的活动都能产生良好的影响。

城市空气中的阴离子比乡村少，室外空气中的阴离子比室内多。

③空气浴的方法。利用空气进行锻炼是一种最简单、灵活的方式，不受地区、季节及物质条件的限制，因而在日常生活中随时随地都可有意识地进行。

④空气浴时应注意的问题。空气不清新、大风、暴雨、气温过低、强烈日照与高温情况下不宜进行空气浴。空腹、饱腹不宜进行空气浴。发烧病人或急性病病人均不宜进行空气浴。

（3）水浴

用水浴锻炼身体也是一种极好的健身方法。水浴主要是利用水的温度、机械力和化学作用来锻炼身体的方法。根据水温不同，水浴可分为冷水浴、温水浴和热水浴。

①水汽对人体的作用。水的温度比同温度空气的导热性与热容量大，对体温调节作用也就比较大。人体对相同温度的水和空气的感觉不同，水温越低，身体对水浴的反应越强烈。温水浴能降低神经活动的兴奋性，减弱肌肉张力，扩张皮层血管，加速消除疲劳，尤其热水浴效果明显；而冷水浴对健康最为有益，特别对增强心脏血管系统和呼吸系统效果显著，能促进消化系统的机能和体温的调节作用。冷水浴不仅能提高新陈代谢机能，洁健皮肤，增强体质，而且能提高抵抗疾病的能力，锻炼意志。由于冷水浴耗散大量的热能，热水浴耗散体内大量的水分等物质，因此是减肥、健美的好方法。冷水浴锻炼时，人体一般会出现三个阶段的生理反应：第一期，寒冷期。当皮肤接触冷水，由于强烈的冷刺激，神经的保护性反射作用，引起皮肤血管收缩，血液进入深部及内脏，皮肤发白出现寒战。第二期，温暖期。机体为了适应寒冷的强刺激，神经在皮层的调节支配下，机体相应的组织器官，特别是体温调节机构积极活动，代谢机能大大提高，体表血管舒张，血液循环加快，体温上升，皮肤由白变红，这一过程叫温暖期。第三期，寒战期。寒战是体温下降的信号。冷水作用时间过长，失热过多，表层血管再度收缩，皮肤苍白，嘴唇发紫，出现寒战与"鸡皮"现象。寒战期出现易使人体感冒，应立即停止冷水浴，进行保暖。水的机械作用。水对皮肤肌肉有按摩作用。水的化学作用以溶于水的某些矿物质（硫酸钙、碘盐、海盐、氯化钠）对人体有特殊的保健与治疗作用。

②水浴的方法。可用冷水洗脸与洗足、擦身、淋浴、冲浴和游泳等方式进行身体锻炼。

冷水浴锻炼应从温暖的季节开始，每周至少练两次以上，时间以早晨为好，冷水浴的时间不宜超过15分钟，水温应逐渐降低。

（3）水浴应注意的问题。剧烈运动后不宜立即进行任何水浴；患有心脏病、高血压、肝炎、肾炎、关节炎、感冒发烧、严重贫血、皮肤病及妇女经期不宜进行冷水浴；皮肤有创伤和开放性损伤不宜进行水浴；饱腹与空腹不宜进行水浴。

三、营养卫生与健康

营养是指人体从外界环境中摄取与利用食物中营养素的过程。一切生命活动都离不开营养，营养素的过多或缺少都会影响人体的正常生命活动。因此，在生长发育和生命活动的每个年龄阶段都必须摄入合理的营养。合理营养是指膳食中应该含有人体所需要的各种营养素，摄入体内的食物易于消化和吸收，并能增强食欲，对机体无害，也就是全面提供符合卫生要求的平衡膳食。而营养素是指在体内消化吸收，具有供给热能，构成机体组织和调节生理机能，为机体进行正常代谢所必需的物质。人体所需要的营养素有糖、脂肪、蛋白质、维生素、矿物质和水等六大类。

（一）合理营养有利于身心健康

人的身心健康包含身体健康与心理健康两个方面。身体健康是心理健康的基础，一个体弱多病或身患残疾的人，很难有常人的心态，往往会有这样或那样的心理障碍；反之，心理健康又是身体健康的必要条件，没有心理健康，身体健康就失去了保证。因为异常的心理活动往往会影响到神经系统和内分泌系统对人体各器官、系统生理功能的正常调节，诱发器质性或功能性病变，而健康的心理可以维持和增进人的正常情绪，维护人的正常生理功能，使机体适应外来的各种刺激。因此，健康的心理，既有防病、抗病的能力，又有治疗和康复的作用。只有身心健康的人，才是完美的健康人；也只有身心健康的人，才可能具备良好的适应自然环境与社会环境的能力。

1. 合理营养确保机体代谢平衡

机体代谢包含物质代谢和能量代谢两个方面。构成身体结构的物质每天都在进行自我更新，即从食物中摄取的各种小分子营养物质转化成自身的大分子物质，同时又将自身的大分子物质分解成小分子化合物排出体外，在这种物质的合成与分解过程中伴随能量的释放、转移和利用，形成了人体的物质代谢和能量代谢。所谓代谢平衡是指人体每天从外界摄取的营养物质应该等于人体生长发育和进行正常生命活动所需要的物质。因此机体的代谢平衡是人体各器官、系统发挥其正常生理功能的重要保证，是实现人类身心健康的基本条件之一。只有合理摄入机体所需要的各种营养素，机体代谢才能保持平衡，生命活动才能正常进行。一旦机体的营养素供给失衡，正常的代谢活动就会发生紊乱，人体就会生病，甚至危及生命。例如，人体营养不足会引起营养缺乏病，像维生素A的缺乏引起干眼病，维生素C的缺乏引起坏血病，钙的缺乏引起佝偻病，蛋白质缺乏引起贫血、水肿等。但是，营养过剩或失去平衡，如热量及脂肪过多，会引起肥胖症、高血压、冠心病和糖尿病等。此外，营养还与癌症有关，如脂肪摄入量与乳腺癌发生率成正相关；食物纤维摄入量与直肠癌呈负相关。

2. 合理营养能增强机体的免疫力

免疫力是机体免疫系统抵抗外来病原微生物侵袭的能力。机体的免疫系统——白细胞（T淋巴细胞、B淋巴细胞、吞噬细胞）、红细胞以及免疫球蛋白等都明显受营养状况的影响，良好的营养是促进造血干细胞分裂繁殖生成血细胞和各种免疫球蛋白形成的先决条件，营养不良会使机体免疫系统形成受阻及其免疫能力下降。当蛋白质、某些元素或维生素缺乏时，免疫反应明显受到抑制，抵御传染病的能力明显降低。脂肪与碳水化合物过多时，对免疫系统也有不良影响。因此，营养素的合理摄入不仅消除了营养缺乏或过剩直接导致的疾病，而且可以通过免疫力的增强提高自身的抗病能力。

3. 合理营养可防病治病

营养素的全面摄入不仅可以通过增强机体的生理功能和自身免疫力来预防和延缓某些疾病的发生，同时，合理的营养还对机体的应激状态和伤病后的康复有着积极的作用，良好的营养能提高机体的应激能力，促进病体的康复。因此，从古至今人们都把合理营养作为预防和治疗疾病的重要手段。例如，我国中医历来讲究饮食调理，提倡养生食疗，从而达到养生保健的目的。

养生食疗即是要求人们采用合理的营养，来促进病理过程的早日终止，生理过程的早日恢复，以及症状的提前消失，来促进健康长寿。可见，养生食疗并非被动地调养，而是有积极的治疗作用。它的主要特点是可以就地取材，简学易行。食疗对慢性病尤为适宜，它不像药物易使病人厌服而难以坚持，尤其适用于儿童和老年人。另外，还可以根据病人或食用者的习惯和口味，选择或调制成各种可口的饮食和菜肴，从而增进患者的食欲并有利于消化和吸收，有利于疾病的消除和防治，以达到祛病健身、延年益寿的目的。中国有句名言："药补不如食补。"这充分说明了营养对防病治病和健康的重要意义。

（二）合理营养可促进智力发展

智力是指人认识、理解客观事物并运用知识、经验等解决问题的能力。它包括记忆、观察、想象、理解、分析、判断等能力，其实质就是大脑各种功能的综合反应。那么，一个人智力水平的高低当然主要取决于其大脑的结构和功能，两者受遗传因素和环境因素的双重影响。人出生之后，遗传基因就规定了智力发展水平的上限和下限，良好的环境因素可促进脑神经细胞的生长和发育，为大脑结构和功能的完善奠定良好的基础，确保智力发展达到较高的水平。

在影响脑神经细胞生长和发育的多种环境因素中，营养素是最为重要的因素之一。因为营养素是神经细胞分裂增殖和实现其正常生理功能的物质条件。人出生时脑重约为成人的25%，6岁时达成人脑重的90%，12岁时已接近成人脑，6~20岁是脑细胞的结构和功能变化复杂、达到功能完善的重要阶段。如果在大脑神经细胞的决定性生长期和成熟期营养素缺乏，如蛋白质、类脂质等摄入不足，不但会影响到脑细胞的数量、大小和髓鞘的形成，而且也影响到传递信息的神经递质的合成，导致神经细胞功能低下，神经传导障碍，严重影响一个人的智力发展水平。实践证明，营养不良对儿童的智力发育有严重影响，并可影响其行为活动能力。动物试验表明，营养缺乏对脑的不良影响，需两代才能恢复。

学生在成长阶段中，脑细胞的数量已开始逐渐定型，但神经细胞的结构和功能尚未发育完善，此时又是一生中广泛接收外界信息，进行知识、技能学习的黄金阶段；脑神经细胞功能活跃，营养物质消耗多，必须供给充足的营养素，确保神经细胞结构和生理功能进一步完善，为智力的发展创造良好条件。

（三）合理营养可保持青春活力

青年时期身体各器官、系统功能活跃、代谢旺盛，表现出勃勃生机，充满青春活力。合理营养是这种状态得以维持的重要条件。因为人体各器官、系统保持高度协调和旺盛的生命活动离不开大量能源物质的消耗和为能源物质的合成与分解代谢提供一个稳定的内环境的各种营养素。糖、脂肪和蛋白质作为能源物质为氧化分解供能；各种维生素、无机盐和水直接或间接参与体内的物质和能量代谢，缺乏任何一种营养素，机体的代谢就无法得以正常进行，相应器官的生理功能就会下降。另外，人体整体机能的表现还与神经和体液对各器官、系统在功能上的调节密切相关。营养素的合理摄入，不仅是神经细胞发挥高效率调节的基础，而且也是实现体液调节的必要条件。体液调节是由体液中的激素、酶、无机盐和维生素等完成的。无机盐与维生素直接由食物中摄取，而激素与酶则需要蛋白质、脂肪、无机盐、维生素等营养素参与合成，也需从食物中摄取。所以，营养的好坏，对体液调节的机能物质有直接影响。

（四）合理营养可塑造健美体形

人的体形受遗传基因和环境因素的双重影响，环境因素中营养素和体育锻炼又是最为重要的两个因素。健美的体形表现为身体匀称、肌肉发达、皮脂适中、四肢健美。合理的营养可塑造和保持健美的体形。在生长发育过程中，只有全面营养素的摄入，特别是优质蛋白质、钙、磷、维生素的合理摄入，加上适量的运动，才能使骨骼、肌肉的生长发育达到完美的程度。有学者认为：牛奶、沙丁鱼、菠菜、胡萝卜、橘子可促进骨骼的生长，不妨适当多吃一些。如果营养缺乏，会使人骨瘦如柴；饱和脂肪酸、糖类摄入过多，造成臃肿肥胖，均无健美可言。塑造健美体形不易，保持健美体形更难，人至成年，往往因学习、工作、日常事务繁忙，导致饮食无规律，营养素摄入不均衡，运动时间减少，而使体形发生改变。因此，生长发育完成之后，要想保持健美的体形，更应注意合理营养。在保证维生素、无机盐、微量元素充足的情况下，要特别注意三大能量物质的摄入比例，应以适当增加蛋白质的比例，减少糖和脂肪的摄入为宜，即多吃一些瘦肉、蛋、鱼、奶、水果、蔬菜，少吃面食、肥肉及油炸食品，以防发胖改变正常体形。

（五）合理营养可提高运动成绩

一个人的运动成绩主要取决于先天遗传因素和后天的科学训练与合理营养。良好的营养是运动员取得优异成绩的重要因素之一。全面、适量的营养素供给，可确保机体各器官、系统机能水平处于最佳生理状态，使运动员更好地参加运动训练和比赛。营养素缺乏或营养不当，特别是运动训练期间体内消耗的物质能量得不到应有的补偿，会导致运动员的生理机能和运动能力下降，不仅易出现全身乏力、疲劳等不良症状，而且严重者会影响身体健康，使运动训练无法正常进行，妨碍训练效果和运动成绩的提高。对运动员来讲，合理营养就是根据不同运动项目运动员的物质代谢特点，科学地安排膳食，合理地全面补偿运动员的消耗，调整体内营养代谢过程，促进能量恢复，使体内有充分的营养储备而使运动员保持良好的生理机能、身体成分和运动能力，提高机体对运动训练的适应能力和抵抗疲劳、消除疲劳的能力，有利于取得优异的运动成绩。

四、体育学生的营养特点

学生正处于青春期，各器官、系统的形态、结构、功能尚未完全发育成熟，物质和能量代谢活跃。加之学习任务繁重，用脑量大，只有全面、合理的营养成分供给，才能使其身心发育日臻完美并顺利完成学业。

（一）营养素的需要

1. 热能

学生若长期热能供给不足，就会动用体内贮存的脂肪和糖原，甚至体内的重要物质——蛋白质分解供能，引发饮食性营养不良。热能供给不足，还会影响蛋白质的吸收和利用，从而加重蛋白质的缺乏，进而导致"蛋白质—热能营养不良"，其临床表现为基础代谢降低、消瘦、贫血、精神萎靡、皮肤干燥、肌肉软弱、脉搏缓慢、体温降低、抵抗力下降、易感染疾病。同时，工作、学习效率和健康水平下降。但是，如果热量供给过多，如过多地摄入糖和甜食，食物的产热量超过机体的需要量，会导致体内脂肪积聚过多而出现肥胖。肥胖增加机体负担，有碍活动和形体美感。因此，热能的供给量要适宜，各种营养素的分配要合理。三大热能物质——糖、脂肪、蛋白质按重量的供给比例应为 $5 : 0.7 \sim 1 : 1$（或 $4 : 1 : 1$）。

2. 蛋白质

蛋白质是机体的结构和功能物质，学生的身体结构和各器官、系统的功能有待于进一步发育和完善，加之用脑过多，对蛋白质的需求量比常人要大，日供给量一般应在 90 克以上。若学生蛋白质长期摄入不足，会导致发育受阻，身体生理机能、免疫力和记忆力下降，危害身心健康和影响正常的学习生活。

3. 维生素

维生素对调节机体代谢、促进身体发育是必不可少的物质，对青春期学生性器官的成熟，提高机体的反应能力、适应能力和获得性免疫力的发展具有重要作用。学生机体代谢旺盛，各器官的功能处于继续提高阶段，需要多于成人的各种维生素参与调节。

4. 矿物质

对促进生长发育、调节生理功能最为重要的矿物质有钙、磷、铁、锌、碘。钙、磷是组成骨骼和牙齿的重要材料，钙也是维持神经、肌肉的正常活动的必需物质。铁是造血的原料之一，青春期易发生缺铁性贫血，应格外增加摄入量。锌参与几十种酶的形成或作为酶的激活剂，它与遗传物质和蛋白质的合成有关，并能协助细胞转运葡萄糖，缺锌可引起生长停滞、青春期性器官发育幼稚化、创口愈合不良和自发性味觉障碍等。碘是甲状腺素的主要成分，是维持正常新陈代谢不可缺少的物质，对生长发育有重要意义，食用加碘盐或海产品一般不会缺碘。

（二）膳食要求

学生的能耗量多，特别是脑力消耗大，对营养的要求高，需要提供平衡膳食，注意养成良好的饮食习惯，不挑食、不偏食、不吃零食和变质的食物，并制定合理膳食制度和讲究卫生。应格外注意早餐的营养摄入，尤其是要有足够的热能供给，以保证上午连续 4 小时学习的能量消耗。一定要克服不吃早餐而空腹上课的不良习惯，如果来不及吃早餐或早餐吃得不好，课间最好加食一些高热量食品，否则，会因热能的消耗而出现低血糖，血糖的降低首先受影响的就是脑神经细胞，使其兴奋性下降，生理功能降低，影响学习效果。

五、合理营养的原则

要想做到合理营养，应遵循以下原则：

（一）合理的膳食调配

合理的膳食调配就是供给各种比例合适的营养素，使其相互配合而增强其营养价值。在调配过程中应注意以下几个方面：

1. 组成平衡膳食

按照热量和营养素标准，选择食物的种类和数量，组成平衡膳食。

食物可简单分为四大类：

（1）粮食类

供给人体淀粉、蛋白质、无机盐、B 族维生素和纤维素。

（2）肉、鱼、蛋及大豆类

供给人体优质的蛋白质、脂肪，部分无机盐和维生素。

（3）水果和蔬菜类

供给人体维生素、无机盐及膳食纤维素。

（4）奶或奶制品类

供给人体优质的蛋白质、脂肪、维生素 A、维生素 B 和钙等。

2. 膳食的色、香、味和多样化

选择食物要注意色、香、味和多样化，有利于消化和吸收。同时，饭菜应有一定的容积和饱腹感。

3. 注意季节配膳

各类食物的数量及质量，应该根据气候、季节的变化和环境进行饮食调配，夏季应选用清淡爽口、具有酸味和辣味的食物；冬季应以浓重的食物为宜，适当多用些油脂。

4. 照顾用餐人的习惯

选择用餐人喜爱的食物品种，按其最习惯的方法烹调，以利于食物的消化、吸收和利用。用餐人要克服暴饮暴食和偏食等不良饮食习惯。

（二）合理的膳食制度

膳食制度是指把全天的食物定质、定量、定时地分配给人们食用的一种制度。包括严格的饮食时间、饮食质量和饮食分配。

一天的不同时间内，人体所需热量和各种营养素的量不尽相同，合理的膳食制度确定后，机体即可建立条件反射，用餐时间一到，人就会产生饥饿感，并预先分泌适合于各餐膳食质量的消化液，以利于食物的充分消化、吸收和利用。确定合理的膳食制度，应考虑以下几个方面：

1. 注意胃肠道的消化能力

人在进行剧烈运动后，其消化能力减弱，因为运动时体内血液集中于运动器官，消化器官相对缺血，此时进食对消化不利，运动后应休息 30 分钟以上再进食。进食后应休息1.5~2.5 个小时才能剧烈运动，因为进食后胃肠道被食物充盈，不利于运动，运动会影响消化功能的正常运行。同时，食入的膳食质和量也要有利于营养素能被充分消化、吸收和利用。

2. 两餐间的间隔要适宜

若两餐间的间隔时间太长，会引起强烈的饥饿感和血糖浓度下降，明显影响学习和工作效率。若两餐间的间隔太短，就会缺乏食欲。混合性食物在胃中排空的时间为 4~5 个小时，故两餐间的间隔时间至少也应 4~5 个小时。同时注意用膳时间应和生活工作制度相配合。

3. 全天各餐食物的分配比例要合理

一般认为早餐占全天总热量的 25%~30%、午餐占 40%、晚餐占 30%~35% 比较合理。对运动员一日三餐食物的分配原则是：运动前的一餐，食物的量不宜过多，但要有一定的热量，要易消化，含有较多的糖、维生素和磷，少含脂肪和纤维素；运动后的一餐量可以大些。晚餐不宜过多，且不宜吃脂肪和蛋白质过多以及有刺激性的食物，以免影响睡眠，运动员的早餐应含丰富的蛋白质和维生素。

第二节　急救常识与损伤处理

在生活中，各种灾害事故、意外伤害等频频突发，严重威胁人们的生命安全。因意外伤害发生往往具有紧急性、不确定性与严重性等特点，所以在第一现场的急救起着重要作用，因而个人具备急救知识与应用能力显得尤为重要。

一、急救的概念

急救是指人们在遇到意外伤害或危重急症时，在医护人员或救护车未到达前，以一般公认的医学原则为基础，利用现场的人力、物力资源，对伤病者实施初步的救助及护理。

（一）急救的目的

保存生命，防止伤势或病情恶化，促进康复。

（二）急救的基本原则

正确、安全、及时、有效是急救过程中始终要遵循的原则。
①首先需要保持冷静，理智科学地做出判断。
②评估现场，确保自身与伤病员安全。
③分清轻重缓急，先救命，后治伤，果断实施救护措施。
④尽量采取减轻伤病员痛苦的措施。

⑤充分利用现场可支配的人力、物力协助。

（三）现场急救的步骤

①评估现场危险程度。确保自己安全，保障伤病员安全。

②紧急呼救。尽早呼救寻求他人帮助，或拨打120呼叫救护车及早送院治疗。正确拨打120的方法和注意事项：拨打电话后将自动进入接听排队系统，接通电话后请说清楚病患的姓名、性别、年龄、症状与体征；如有特别情况需要特别说明，例如煤气中毒、心脏病、哮喘、严重创伤等；群体性伤害事件，请说明意外或事故的性质、大致受伤人数等；请说明详细的呼救地址，告知附近显著的地标建筑，利于救护车寻找，有可能的话请安排人员在入口等待，告知呼救者的联系电话号码并保持畅通；请在120调度提示后挂断电话，避免遗漏重要信息；旁观者拨打急救电话后请等待急救人员到来并汇报情况。

③详细检查与急救。在解除威胁生命的情况后，若伤病者的情况稳定下来而救护车尚未到达，可以系统详细地进行全身检查，继续找出其他需要处理的伤势并采取适当措施。

④避免交叉感染。使用防护用品、医用橡胶手套、护目镜、口罩等减少直接接触；可以考虑采用隔离装置；彻底洗手，用肥皂或消毒液进行彻底清洗；小心处理尖锐物品，如针头、刀片、玻璃片。

二、心肺复苏

大部分猝死都发生在非医疗场所，及时的心肺复苏和除颤不仅能挽回生命，还可以减少脑损伤，因此有猝死急救"黄金四分钟"的概念，非医学专业目击者的急救是急救的开始和基础。

心肺复苏术是给心跳呼吸停止的病人采取人工呼吸及胸外按压等维持氧合血液循环的一系列急救方法，也是全球最为推崇和普及、最为广泛的急救技术之一。心肺复苏只适用于"三无"人员，即无反应、无呼吸、无心跳。

（一）心脏骤停

心脏骤停是指各种原因（如急性心肌缺血、电击、急性中毒等）引起的心脏突然停止跳动，有效泵血功能消失和全身严重的缺血缺氧。心脏骤停5~10秒，病人可因脑缺氧而晕厥；心脏骤停15秒以上，可导致病人发生抽搐；脑细胞缺氧超过4分钟，往往会造成病人中枢系统不可逆损害，即开始死亡。

心脏骤停的判断依据：①意识丧失：可伴有短阵抽搐。②呼吸停止：呼吸完全停止或呈叹息样呼吸。③大动脉搏动消失：手指摸不到脉搏。④其他表现：面色苍白，瞳孔散大，对光反射消失。⑤心电图表现：室颤、无脉室速、无脉搏性电活动或心搏停止。注意：意识丧失和呼吸停止，这两个征象存在，即假设病人发生心脏骤停，应立即进行初步急救采用心肺复苏。

（二）心肺复苏

心肺复苏简称CPR，是指用人工的办法尽快帮助心跳呼吸骤停的病人建立呼吸与循环，从而保证心、肺等重要脏器的血氧供应，为进一步挽救病人的生命打下基础。心肺复苏法一般采用胸外按压与人工呼吸相结合。

1. 胸外按压

心脏位于胸骨与胸椎之间，将胸骨向下按压，可以使血液从心脏流出到动脉。压力放松后，胸部便会因自身弹性而扩张复原，血液也从静脉回流到心脏内，从而维持血液循环。

2. 人工呼吸

人工呼吸是利用人工手法或机械方法，借助外力推动病人肺、膈肌或胸廓的活动，使气体被动进入或排出病人的肺，以保证机体氧的供给和二氧化碳的排出。

在人工呼吸之前需要开放气道，常用的手法有仰头提颏法和双手推颌法两种。

发现急症病人时，应按照一定的步骤对患者进行检查和处理，心肺复苏操作步骤如下：

①判断环境安全程度，排除危险因素。

②判断病人的意识。轻摇或轻拍病人肩部并大声呼唤。

注意：倘若怀疑病人有头颈部损伤，不宜用力摇动病人的肩部或搬动病人，以免加重伤情或引起脊柱损伤而导致截瘫。

③快速判断呼吸。在检查意识的同时检查是否有呼吸；用不超过5秒的时间观察患者胸部起伏、感觉鼻孔气流。

④呼救。如果病人没有意识和呼吸，应立即叫人拨打120呼救。

⑤判断脉搏。如果受过专业训练，可以通过触摸颈动脉的方法检查脉搏。

⑥立刻心肺复苏。如果患者没有意识、没有呼吸、没有脉搏，应立即开始心肺复苏。

⑦及早除颤。如果取得自动体外除颤器，应立即进行除颤，除颤完成后立即从按压开始CPR。

心肺复苏一旦开始，便不应停止，除非出现以下情况：病人恢复呼吸脉搏或出现肢体活动；医护人员到来接替；施救者精疲力竭。

在进行心肺复苏时，如果患者出现呕吐，应将他的头转向外侧，将身躯稍微向外，待呕吐后，清理口腔，将患者放回仰卧位置，重新评估及处理。如果患者恢复呼吸心跳，应为患者进行详细检查及处理，如伤势许可，应将患者置于复原卧位，密切注意其呼吸、脉搏，快速送院。

三、运动损伤的处理

在体育运动或运动训练中常常会发生运动损伤，给锻炼者或运动员带来很多不便甚至危害健康。损伤的部位、特征及类型均有所不同，了解学习运动损伤的原因、处理方法，对诊断治疗、减轻疼痛和伤后愈合及其处理有一定帮助，可以降低在体育运动中造成的伤害。

运动损伤是体育运动过程中所发生的各种损伤。它不是学生的故意或过失，而是受到不可预测的因素影响，如篮球运动中上篮时落地意外踩到同伴的脚造成踝关节扭伤。

常见的运动损伤有踝关节扭伤、膝关节侧副韧带损伤、大小腿肌肉拉伤、手指关节挫伤、擦伤、骨折等，除此之外肌肉痉挛、运动性腹痛和运动中中暑等运动性疾病也常有发生。这些损伤和疾病的发生有其特定的原因。

（一）踝关节扭伤及处理

踝关节扭伤是在外力作用下，关节突然向一侧活动而超过其正常活动度时，引起关节周围软组织如关节囊、韧带、肌腱等发生撕裂。它与运动姿势不正确造成踝关节持重过度、场地不平、过度扭转以及准备活动不充分等原因有关。踝关节跖屈位时关节稳定性最差，加之外踝较内踝长 0.5 厘米且靠后，内侧三角韧带较外侧三条韧带更坚强，因此，外侧受伤几率远大于内侧。踝关节扭伤后，踝关节外侧或内侧会出现迅速的局部肿胀，并逐渐波及踝关节前部。

处理方法：首先要了解运动者踝关节扭伤的过程，判断其受伤程度，采取相应方法处理治疗。轻度伤一般是韧带拉伤，基本没有肿胀，但有疼痛。这时可采用冷敷，即时条件下，用冷水冲洗或在冷水中浸泡 15 分钟左右，能减轻疼痛，避免皮下毛细血管充血。重度扭伤时，韧带完全断裂，失去韧带机能，支配不了动作，关节异常。这时用冰敷法：即时条件下，可买冰镇水用布包裹附于患处，用弹性绷带（可系用的布带）、硬纸盒等包扎，简单固定后送医，注意抬高患处。

（二）膝关节损伤及处理

膝关节损伤常以侧副韧带损伤多见，多由直接撞伤或者屈膝旋转时突然跌倒引起。当膝关节外翻力受重，内侧副韧带受压向外伸展；当膝关节内翻力受重，外侧副韧带受压迫使膝关节内收。在体育运动中膝盖承受了人体绝大部分的体重，并支撑我们完成大范围的屈伸、内外旋转动作。例如在篮球比赛中，跳起上篮时在对方强烈对抗干扰下，体位发生改变造成非正常落地动作，羽毛球接高速球时一脚弹起，另一脚不稳定旋转落地等都会造成膝关节损伤。

处理方法：在膝关节损伤后要立即停止运动，使关节制动，将膝关节放平位，进行常识性的医学观察和判断。内侧副韧带损伤时，压痛点常在股骨内上髁或胫骨内髁的下缘处；外侧韧带损伤时，压痛点在股骨外上髁或腓骨小头处。症状较重者，即时条件下寻求可包扎的布带、冷水、冰镇矿泉水等进行可行性处治，如局部加压包扎及冷敷。可直接用冷水冲，若冰敷要将冰镇水或冰块外层包裹附于患处，避免冻伤局部组织。制动可利用临时性硬纸壳作为小夹板固定。冷敷能有效减少损伤部位的出血，缩短非正常愈合时间，减轻血肿。24小时后，拆除包扎固定，据伤情而治，48小时后可改用热敷，促进局部组织循环。可结合按摩、电疗等物理性疗法治疗，也可进行积极性的运动训练配合恢复。

（三）腿部韧带损伤及处理

韧带作为骨连接的辅助装置，由致密结缔组织组成。在骨与骨的连接中，不同部位的韧带有不同的功能，可增加关节的灵活性和稳固性。韧带损伤指在外力作用下，肌肉过度主动收缩或被动拉长所导致的肌纤维损伤或撕裂。大腿中间有身体最长最粗的股骨，股后肌群是跑步的主要发力肌。在跑步后蹬时，如果股后肌群收缩力量不足，承受不了大的"爆发式"收缩的负荷，就容易造成肌肉拉伤。此类损伤在学生快速短跑训练中发生率最高。

处理方法：发生肌肉拉伤要及时停止运动。轻者抬高患肢，减轻局部毛细血管渗血，24小时内局部冷敷并加压包扎；重者，疼痛明显，可遵医嘱服止疼药，24小时后可进行理疗、按摩、针灸等治疗。之后也可配合运动性轻度牵拉恢复机能和力量性积极训练进行康复。若常识性判断肌肉大部分或完全撕裂，应立即制动，即时条件下寻求可用物件进行固定、包扎并送医院进行专业化治疗。

（四）手指关节挫伤及处理

挫伤是由于身体局部受到钝器打击而引起的组织损伤。手是身体中高度精密复杂的运动器官，一些具有抛、接、支撑、按、握等特色的运动项目，离不开手的精密运动。运动中手无意识碰撞器械，篮球、排球快速传接球应急方法错误等都容易发生局部和深层次手指关节挫伤。

处理方法：发生手指关节挫伤时，应立刻在即时条件下利用水龙头冷水冲洗、在冷水中浸泡或用冰镇水包裹冷敷于患处，切不可随意揉搓、转动，防止造成毛细血管破裂引发更大充血肿胀，加重伤情。12 小时后，可做轻度按摩和牵引，可用药干预，如每日配以红花油按摩，利用物理疗法、电疗等。若经验判断伤势严重，冷敷后，可将受伤指用即时可利用的布带与相邻手指固定包扎送医，切不可随机处治。

（五）擦伤及处理

擦伤指皮肤表面受粗糙物摩擦所引起的损伤，如因跑步中场地不平，高强度竞赛中体力不支，篮球、足球赛中激烈对抗，排球的跃起救球等导致的不同性质摔倒所产生的擦伤，通常是指运动中因各种不慎摔倒所致的开放性损伤，尤其以快速跑摔倒擦伤最为严重。

处理方法：发生擦伤时，若创口浅、面积小，即时条件下可用凉开水洗净创口，将衣、裤挽起避免摩擦，到医务室进一步用生理盐水、酒精处置伤口，涂抹红、紫药水，不需包扎。过度包扎会导致伤处透气性不足，反倒不利于伤口愈合。关节处擦伤不易用暴露疗法，免得局部皮肤干裂出血，影响关节运动。

（六）骨折及处理

骨折指骨结构的连续性完全或部分断裂。骨骼在受到外力强烈碰撞、运动动作严重错误、进行粗暴危险动作时都会导致骨折。在学校的体育实践中，骨折是比较严重的损伤，如足球比赛时危险的铲球动作，体操过程中掉落器械等都易导致相应部位突发骨折，但只是少数个案。

处理方法：骨折通常有两种类型，即外骨折和内骨折，学校体育中一般内骨折比较多见。内骨折是指断骨没有刺穿皮肤或裸露在外的伤情。初始判断，触动受伤部位疼痛剧烈难忍。这时的即时处治要尽量规范，不能随意搬动伤者。因患部一定有内出血或淋巴液渗出现象，此时搬动，患处会加速肿起，延误后期治疗。应抬高患处部位，即刻采取冷敷，进一步加强"冰敷"可减轻疼痛和渗血；挪动就医，即时条件下寻求硬纸盒版、布带等，先将患处简易固定，用弹性布带包扎，不让部位活动，然后速送医院进行专业治疗。

（七）肌肉痉挛及处理

肌肉痉挛指在体育运动期间或运动后立即发生的、不自主的疼痛性骨骼肌痉挛综合征，表现在局部肌肉断续性痉挛，通常在小腿、腘绳肌、股四头肌，尤其小腿后群肌肉最常见。因运动量过度导致肌肉疲乏，使乳酸堆积，刺激肌肉疼痛，导致肌肉无法正常收缩，常常会引起肌肉抽筋，如较大强度的反复短距离计时跑，长距离跑，足球、篮球赛等。这些项目特点是运动强度大，出汗多，所以容易使水电解质失衡，肌肉兴奋性增高，从而导致肌肉痉挛。游泳运动前热身活动不足，突受冷刺激或精神过度紧张，也会造成肌肉痉挛。

处理方法：当发生肌肉痉挛（抽筋）时，要缓慢地向相反方向牵引痉挛的肌肉，过程中不能用力过猛。大腿后群肌肉"抽筋"时，伤者平卧地面，由另一人慢慢地将"抽筋"的腿抬高，有弹性地牵引拉长后群肌肉；若大腿前的肌肉"抽筋"时，伤者可俯卧地面，由另一人慢慢地将"抽筋"的腿屈起膝关节有弹性地按压小腿牵引拉长大腿前的肌肉；小腿后群肌"抽筋"时，应伸直膝关节，由另一人向上弹性地推压脚使跟部前伸牵引拉长小腿后群肌肉；脚底肌肉"抽筋"可采用类似小腿"抽筋"的处理办法，同时按摩、揉捏"抽筋"部位。

（八）呼吸困难及处理

呼吸功能不全的一个重要症状是，患者主观上有空气不足或呼吸费力的感觉，而客观上表现为呼吸频率、深度和节律的改变。在体育高强度竞赛项目练习中，体能消耗、耗氧量大，易导致这种现象发生，常见在中长跑中，跑完后出现呼吸困难症状，面色苍白、虚汗、憋气、无力等。这与学生基础素质和原有病史有关。

处理方法：运动中发现学生出现呼吸困难时，不要让运动立刻停止，要逐渐降低运动强度，即使再累也要迫使其继续向前跑两步或走几步，让血管调节逐渐恢复正常；同时加深呼吸，在动态中缓解症状。若上述办法都不奏效，要寻找可依附的物体，逐渐降低重心，避免摔伤；同时迅速呼叫医护救治，避免严重事故出现。

在运动中，首先要培养正确的运动方法，建立正确的运动模式，加强健康教育的知识普及，树立健康教育的意识。学生正确穿戴运动装备，对易伤部位加强练习。运动损伤后要能正确判断伤情，做出正确处理，及时送医院诊治。

第三节　体育学习与心理健康

一、体育学习促进学生心理健康

（一）体育学习对学生心理健康的促进作用

体育学习不仅能增强学生体质，强健体魄，促进身体的正常发育和发展，还能提高学生的心理健康水平，增强学生的社会适应能力，为培养全面发展的人才起到重要作用。因为在体育学习过程中，通过知识的传播、运动技能技巧的训练以及亲身的体验，有助于学生心理的良好发展与健康心理的形成。具体体现在以下几个方面。

1. 调节情绪

有关研究表明，体育学习具有心境的双向调节功能，即将负性心境或过高的良性心境状态维持在中间水平，从而改善心境状态。经常进行体育学习，在运动中寻求最佳心境，在各项运动中去感受运动技术动作的快慰感，充分享受体育运动的馈赠——洒脱奔放的心灵愉悦和机体每一个细胞迸发出的勃勃生机，从而陶冶情操，开阔心胸，形成豁达、乐观、开朗的良好心境。

目前，虽然"减负"的呼声很高，但学生的学习任务仍然比较重，尤其是在中学学习阶段，随着学习节奏的加快，活动和休息时间相对减少了，但考试的频率却在增加。在这种情况下，学生需要一定的情绪宣泄以维持心理的平衡与健康。而通过体育学习，一方面，可以尽情地释放心中的郁闷，无拘无束地展现自我，从而缓解学习的压力，消除不良情绪的影响；另一方面，还可以在体育学习过程中，通过克服困难和挫折，学会控制自己的情绪，如克服比赛中紧张、恐惧的情绪等，最终达到能够在日常生活与学习中选择恰当方法调控情绪和提高抗挫折能力的目的。

2. 增强适应能力

体育学习需要学生能经受住风吹、雨打、日晒、酷暑、严寒和吃苦耐劳的考验，同时还要采取积极的态度去适应自然环境、气候环境和器材设施的变化，这些考验和适应可增强学生适应环境变化的能力。体育学习还可以提高学生对快速节奏生活的应变能力和耐受能力，克服对快节奏生活的抵触、恐惧、厌烦和焦虑等心理，以增加学生在快节奏生活中的自信心。经常从事体育学习的学生对现代生活节奏的改变有较强的适应能力，他们表现出较强的自制、快乐、超我、坚韧、敏锐、自信、合群和从容不迫的积极心理特质。

3. 协调人际关系

人际间能维持一种融洽的正常交往，就能给人带来一种现实的安全感，就会引起愉悦的情感体验，对身心健康大有裨益。专家们研究认为，经常进行体育运动者更易与他人形成亲密的关系，人际交往能力亦更强。体育学习是在一定空间的社会环境中进行的，它总是与人群发生着交往的联系，学生在学习过程中能够较好地克服孤僻、羞怯、逞强、肤浅等性格缺点，同时还可以获得归属于群体的崇高感、服从于规则的道德感、相互关怀和沟通的信任感、协作意识的独立人格，从而协调人际关系，以提高人的心理适应能力，扩大社会交往。由此可见，体育学习在加强学生的人际交往、促进心理相容、培养心理适应能力等方面具有重要作用。

4. 防治抑郁、焦虑等心理疾病

大量研究表明，参与运动的健康人能预防心理疾病，对于患轻度与中度情绪心理疾病的患者，运动也可作为一种治疗手段。体育运动既可缓解正常人的抑郁，也可缓解精神病患者的抑郁。一些研究证实，运动，尤其是耐力性有氧运动能缓解焦虑，运动缓解焦虑的作用与其他治疗方法（如冥想、放松疗法、完全性休息）的效果是一样的。人的身体和心理并不是孤立存在的，它们之间是相互联系、相互作用的一种统一，并且人的心理与周围的环境、周围的人也是相互协调、相互影响的。体育学习为学生提供了一个宝贵的活动空间，在这个空间里，学生的心理与身体、学生主体与周围的环境、老师和同学能够充分交融在一起，从而促进学生对环境的适应，促进人际关系的和谐，达到个体的身心平衡，从而能防止抑郁、焦虑等心理疾病，获得身心健康。

此外，体育学习还能增强学生的社会适应性，培养勇敢果断、顽强坚毅的意志品质，高尚的道德情操和集体主义精神，培养乐观进取、积极向上的精神，而这些都是心理健康所必需的。

通过不同体育项目的学习，矫正学生不同的心理缺陷。

对于不善于与同伴交往、不合群的学生，可以选择足球、篮球、排球以及接力跑、拔河等集体项目，这些团体性的体育活动会使人慢慢改变孤僻的个性，逐步适应与同伴交往和群体活动。

对于胆子较小、做事怕风险、容易脸红、怕难为情的学生，可以参加游泳、滑冰、滑雪、拳击、摔跤、平衡木等体育活动，这些活动要求人们不断地克服害怕摔倒、跌痛等各种胆怯心理，以勇敢无畏的精神去面对困难，越过障碍。

对于处事犹豫不决、不够果断的学生，可以参加乒乓球、网球、羽毛球、跨栏、击剑等体育活动，在这些活动中，任何犹豫徘徊都将错失良机，导致失败。

对于容易急躁、感情易冲动的学生，可以参加下棋、太极拳、慢跑、远足、游泳、骑自行车、射击等活动，这些活动要求持久而有耐力，从而能增加自我控制能力，使情绪更加稳定，进而改变容易急躁、冲动的性格特点。

对于做事信心不足的学生，可以选择一些简单易行的活动，如跳绳、俯卧撑、广播操、跑步等，使学生看到自己的成绩，从而增强自信心。

对于遇事容易紧张，如考试总是心慌的学生，可以参加足球、篮球、排球等比赛，这种比赛形势多变、紧张激烈，只有冷静、沉着，才能在激烈的比赛中获得好成绩，经常参加这类运动能够使人遇事不会过分紧张，更不会惊慌失措。

对于自负的学生，可以选择一些难度较大、动作复杂的项目，如跳水、体操、马拉松长跑、艺术体操等，也可找一些实力超过自己的对手下棋、打乒乓球、打羽毛球等，这样可以逐渐改变自己的骄傲情绪。

5. 促进智能的发展

研究表明，人脑由大约 150 亿个神经元构成，大脑能存储的信息，相当于世界所有图书馆藏书的信息总量。目前，人的脑力资源仅用了 1/5 左右，人的智能发展潜力极大。智能的发展有赖于大脑各区（言语区、运动区、体感区、听觉区、视觉区）功能的充分挖掘。国外的许多研究材料指出，人脑各区功能的发挥靠信息转化。体育学习可使学生获取多方面的信息来充实大脑，经常参加体育学习有利于激发神经元的活性水平，挖掘大脑潜力。

6. 培养竞争意识与合作精神

在现代社会日趋激烈的竞争中，要想取得成功，就必须有勇于开拓、不畏艰难、奋发进取的精神，体育学习在培养学生的进取动机和竞争意识方面有特殊的作用。竞争是体育活动突出的特点，而好胜心理是学生鲜明的特点。体育游戏、体育竞赛、各种体育测试和评分等，都为培养学生的竞争意识创造了大量的机会和良好的条件。学生在实现各种体育目的的过程中，往往受到来自各方面的挑战和阻碍，在克服这些因素影响、争取目标达成的过程中，有利于培养学生不畏困难、勇于进取的精神。

现代社会需要具有较好合作能力和较强团队精神的身心健康的人才，体育学习还能够培养学生的团队合作精神。体育学习不仅是个人的行为，也是一种社会性的活动。如在集体性项目比赛中逞个人英雄主义，是不可能赢得比赛的胜利的，必须通过与队友的合作与努力才能取得好的成绩。竞争与合作是体育精神的精髓，要让学生在体育学习过程中，正确理解竞争与合作的意义，建立和谐的人际关系以及对自我、群体和社会的责任感，从而形成现代社会所需的合作与竞争意识。

7. 培养坚强的意志品质

坚强的意志有利于帮助学生克服前进中的困难，形成健康的心理和人格，体育学习是培养学生意志品质的重要途径。在体育学习过程中，如果只是要求学生基本学会打打球、跑跑步，那是不需要学生付出太多努力的，但是要达到熟练的程度，或需要严格按要求做好，或超越学生以往的成绩，这时的体育学习就会与克服困难联系在一起。在体育学习过程中，可以通过教学比赛中规则的制约和对抗强度的设置来培养学生的意志品质；可以通过控制练习的条件，提高练习的难度，让学生为完成任务而付出更多的努力来锻炼学生的意志品质；也可以给予学生一定的心理、生理负荷，使其产生适度的疲劳，并要求其在疲劳时坚持完成学习任务来培养学生的意志品质。总之，要让学生在体育学习中自觉克服各种困难，在具有挑战性的运动中体验乐趣，进而学会在生活中克服各种困难，体验战胜困难带来的喜悦，形成坚强的意志品质。

（二）不同体育项目学习对学生心理健康的促进作用

1. 田径运动对学生心理健康的促进作用

田径运动在中小学、大学开展得最为普及，也是各级各类学校举办运动会时的主要项目。田径运动能全面发展学生的身体素质，也能促进学生的心理健康。田径运动对学生心理健康的促进作用主要表现在以下几个方面。

（1）磨炼学生的意志

田径运动中有许多长距离的项目，如 5000 米或 10000 米跑、马拉松跑、竞走等，这些长距离的比赛项目是对人的体能、意志与决心的严酷考验。事实证明，只有具备良好的体能、坚强的意志和必胜决心的人，才可能长期坚持锻炼并完成这些运动项目的比赛。在学校体育课上让学生学习和参加长跑训练，可以在培养学生耐力的同时磨炼他们的意志，使他们成为具有坚强意志的人。

长跑是一项不大受学生欢迎的运动。而长跑对于锻炼身体和培养吃苦耐劳、坚持不懈的意志品质有着很重要的意义。如果教师在上课之前对学生做好思想动员，并介绍长跑的重要作用，以及在练习的过程中会出现的问题，如"极点""第二次呼吸"等，使学生有充分的思想准备，再通过一些科学的体能训练安排，使学生得到合理的锻炼，并且在测试时使学生明确耐久跑测试一方面是对耐久跑能力的测试，另一方面又是对学生意志品格的测试。那么，通过这样的教学，使学生明确耐久跑练习的目的，从而提高其练习的自觉性和积极性，使学生的意志品质得到锻炼。

（2）培养学生的竞争意识

在田径运动中，由于径赛有精确的计时，田赛有远度和高度衡量成绩，因此分毫之差，即可分出胜负。学生在学校的田径运动会上，可以学会与对手竞争，学会通过刻苦努力地训练，提高自己的实力，最终战胜对手；也可以学会正确理解竞争，做到自己成功时不骄傲，别人成功时不嫉妒，自己失败时不自弃，别人失败时不嘲笑。通过参加田径运动会，使学生最终明白，其实真正的对手是自己，最难战胜的对手也是自己，而只有战胜自我、超越自我的人，才是真正的成功者。

（3）培养学生的协作精神

虽然田径运动中大多数项目为个人项目，但也不乏接力跑之类的团体运动项目。接力跑项目除了要求每一位运动员都具有极佳的奔跑速度外，同时还要求运动员之间能够密切地配合、协作，只有这样，才能跑出好成绩，才能战胜对手。显而易见，使学生在体育课上参加接力跑训练，能够培养学生的团队精神与协作意识，使学生理解人与人之间相互协作的意义，进而掌握相互配合的技巧，这对学生未来的发展具有重要的意义。

2. 体操对学生心理健康的促进作用

（1）发展学生的协调能力，培养良好的节奏感

由于体操动作多样且富于变化，因此通过学习和练习体操动作，能提高学生把握和控制自身形体动作的能力，从而发展学生的协调性；另外，由于体操运动尤其是健美体操具有鲜明的节奏感，因此，训练学生学习体操动作有助于培养其形成良好的节奏感。

（2）培养学生勇敢顽强的精神

体操中的某些动作会使学生产生恐惧情绪，如跳箱、跳山羊等练习，学生可能因害怕而不敢做动作。而在教师的正确引导下，并加以保护、帮助后，学生的恐惧心理会逐渐消除，并最终顺利完成动作。显然，通过经常练习这些体操动作，可以使学生培养出勇敢顽强、勇于战胜困难的精神。

（3）培养学生正确的审美心理和审美意识

体操能塑造学生的形体美，培养学生的姿态美、韵律美。学生通过练习体操，可以最终获得对美的深层次理解，形成正确的审美心理和审美意识，获得良好的美感。体操有时会有音乐伴奏，学生在练习体操的过程中，一方面可以感受音乐之美，另一方面还可加深对音乐内涵的理解。

（4）增强学生的自信心

学生通过练习体操，体验从不会到会，从较易动作到较难动作，从完成困难到完成自如的整个过程，有利于他们形成良好的自我效能感，增强自信心。

3. 球类运动对学生心理健康的促进作用

（1）锻炼学生神经系统的灵活性，提高快速反应能力

球类运动属于开放性技能，学生完成技术动作的许多关键信息来自外界，且外界对手的进攻、防守，同伴之间的传球配合，以及快速飞行的球等信息是千变万化的，因此这种快速多变的运动环境及运动方式能够训练学生应对复杂情况的快速反应能力，提高学生神经系统的灵活性。

（2）锻炼学生的思维能力，提高智力

球类运动虽然有许多固定的技术动作和战术配合，但真正比赛时，技术动作和同伴之间战术配合的运用却是千变万化的。这种多变的运动形式能锻炼学生的思维能力，使他们的判断力、直觉思维能力和操作思维能力得到提高。

（3）培养学生不怕困难、积极乐观、勇于拼搏、敢于竞争的精神

球类运动的比赛非常激烈，比分交替上升，气氛紧张激烈，扣人心弦。这种充满竞争

的比赛，能磨炼学生勇于拼搏、敢于竞争的精神。同时，球类运动技能比较复杂，学习和掌握起来有一定的难度。另外，参加球类运动也需要有较好的体能，所以学生只有刻苦训练才能参加球类比赛，并取得良好成绩。这一过程能够培养学生不怕困难、勇于进取的精神。再者，球类运动有极强的趣味性，学生参加球类比赛会从中得到许多乐趣，这又有助于培养学生积极乐观的情感。

（4）锻炼学生的性格，使学生性格趋于完善

球类运动多为团体性比赛项目，如足球、篮球、排球等。进行这些球类运动的训练和比赛，要求学生之间能够相互交流、相互理解、相互协作，这种群体性的沟通活动可以潜移默化地影响学生的性格，使他们的性格逐渐趋于完善。

（5）培养学生的团队精神，提高与同伴相互配合、协作的能力

球类运动中的团体比赛项目，如篮球、排球、足球、垒球等，虽然强调个人技术的发挥，但更重要的是团队配合，因为只有同伴之间相互协作，才能战胜对手，实现团体目标。因此，学生通过参加球类运动能增强团队意识，提高与别人合作的能力。

4. 武术对学生心理健康的促进作用

（1）锻炼神经系统的灵活性和协调性，提高集中意念的能力

武术的动作包含屈伸、平衡、跳跃、翻腾、跌扑等，人体各部位几乎都要参与运动。系统地进行武术训练，对人体速度、力量、灵巧、耐力、柔韧等身体素质要求较高，人体各部位"一动无有不动"，几乎都参加运动，因此，学生进行武术训练，就能使其神经系统的灵活性和协调性得到全面提高。另外，武术讲究调息行气和意念活动，对学生来说，在调节内环境的平衡、调养气血、改善人体机能、提高集中意念能力方面十分有益。

（2）锻炼学生意志，培养品德

练武对意志品质的考验是多方面的。练习基本功，要不断克服疼痛关，磨炼"冬练三九，夏练三伏"、常年有恒、坚持不懈的意志品质。套路练习，要克服枯燥关，培养刻苦耐劳、砥砺精进、永不自满的品质；遇到强手则要克服消极逃避关，锻炼勇敢无畏、坚韧不屈的战斗意志。经过长期锻炼，可以培养人们勤奋、刻苦、果敢、顽强、虚心好学、勇于进取的良好习性和意志品质。

（3）提高学生对动作美的鉴赏能力

武术具有很高的观赏价值，无论套路表演，还是散手比赛，历来为人们喜闻乐见。无论是显现武术功力与技巧的竞赛表演套路，还是斗智斗勇的对抗性散手比赛，都会引人入胜，给人以美的享受，具有很高的观赏价值，而学生通过习武则能提高学生对动作美的鉴赏能力。

（4）培养学生与人沟通、交流和建立友谊的能力

武术运动内容丰富，技理相通，入门之后会有"艺无止境"之感。学生参加武术训练，能培养学生与人沟通的能力，使习武成为学生之间切磋技艺、交流思想、增进友谊的良好手段。

5. 游泳对学生心理健康的促进作用

（1）增强神经系统功能

游泳是兴奋与抑制、感觉神经末梢主动活动与被动刺激的交替运动。人在水中游泳前进时，身体要经受四种物理作用：一是水的压力作用；二是水的浮力作用；三是水的阻力和推进力形成的摩擦力作用；四是风浪对机体的撞击力作用。如果进行冬泳，还要加上低温水的强冷刺激。由于水的机械作用和水温的影响，游泳时水能对全身的穴位和经络起到"针刺"和"按摩"作用，从而使大脑皮质的兴奋和抑制更加集中，兴奋性增强，抑制加深，神经过程的灵活性提高。经常练习游泳会不断提高大脑皮质的功能，改善大脑皮质神经过程的均衡性，使神经系统各器官得到全面锻炼，提高大脑皮质的调节功能。因此，游泳能够消除过度的兴奋和激动，能使性情暴躁的人变得心平气和，对于患有神经衰弱或失眠症的人，游泳更是他们治病的"灵丹妙药"。

（2）促进积极性休息

游泳可以使人们情绪饱满，精神振奋，提高工作效率。因为游泳时整个体内的血液循环和物质代谢加强，能刺激血液中运输氧气的血红蛋白数量的增加，从而提高人体的摄氧能力，使更多的氧气输送到已经疲劳的大脑细胞中去，进而有效地改善神经细胞氧气和养分的供应，使代谢产物迅速消除，同时又使原来负责脑力劳动的神经细胞更好地转入抑制过程，促进大脑疲劳的恢复，所以对于经常进行脑力劳动的学生来说游泳具有特别重要的意义。

（3）发展大脑右半球功能

最新的研究认为，游泳可以作为学龄前儿童发展智力的一个很好的手段，因为人的大脑左、右半球发育机能有一定差异，学习和掌握游泳动作的过程，可以使大脑左、右半球的机能发育差异减小。游泳时，如自由泳的两臂交替动作、向左右两侧的呼吸技术等，对大脑左、右半球的要求是同样高的。游泳时，人漂浮在水面有失重的感觉，因而需要大脑右半球同时支配身体的左、右两侧进行运动。正因为如此，游泳能刺激大脑右半球的发展，促进大脑的发育，使脑细胞之间情报传达网加速活动。

二、体育学习中的心理教育与辅导

心理教育与辅导是指在一种新型的建设性的人际关系中，辅导者运用教育学和心理学

的专业知识和技能，给学生以合乎需要的协助与服务，帮助学生正确地了解自己、认识环境，确定既符合自身条件又有益于个人发展和社会进步的生活目标；使其克服成长中的障碍，在学习、生活及人际关系等各个方面，调整自己的行为，增强社会适应能力，做出理智的选择，充分发挥自己的潜能。

（一）学校体育中心理教育与辅导概述

1. 学校体育中心理教育与辅导的目标

学校体育的心理健康教育目标即是结合体育活动对学生进行心理辅导所应追求的目标。学校体育中心理教育与辅导的目标有：①使学生认识体育活动对心理健康的作用；②使学生学会通过体育活动调控情绪；③培养学生坚强的意志品质；④发展学生的自信与自尊；⑤提高学生的社会适应能力。

2. 学校体育中心理教育与辅导的层次

学生在体育活动中所表现出来的问题不同、程度不同，所采取的心理辅导也应有所不同。一般可分为三个层次：

（1）发展性心理辅导

对青少年学生开展心理保健工作，提高全体学生的心理素质。如体育对促进学生心理健康有何价值、如何在体育活动中培养自己的意志品质、如何处理好体育活动中的伙伴关系等，可利用体育室内课给所有学生进行心理辅导。

（2）预防性心理辅导

对于部分在体育学习方面、心理方面及活动适应方面有可能发生问题或刚刚发生过问题的学生，如对上体育课不感兴趣，或身体素质较差的体育后进生，可以单独对他们进行辅导，使他们参与体育活动的态度朝好的方面转化。

（3）治疗性心理辅导

在体育活动中和其他学习领域，对于心理和行为方面不太正常或有较突出问题的学生，如缄默（孤独、自闭）、躁狂（野蛮、暴力）和恐惧考试等，应主要依靠专门的心理工作者采取适当的方法给予矫治，体育老师予以充分配合。

3. 学校体育中心理教育与辅导的必要性与重要性

（1）学校体育中心理教育与辅导的必要性

在学校体育活动中，学生的身体和精神始终处于动态过程之中，心理活动和身体活动不但相伴产生，而且互相影响。如学生因长跑而感到疲劳，"想"放慢脚步或停下来，反映了生理对心理的影响；反之，因疲劳而想"打退堂鼓"致使长跑不能坚持，则是心理对生理的影响。既然心理活动的产生是必然的，又对其身体活动效果产生不容小觑的影响，心理辅导也就既有必要，也有可能。正因为如此，在学校体育中将身体教育与心理教育并重，被喻为现代体育工作的"两个轮子"。

（2）学校体育中心理教育与辅导的重要性

在学校体育教学中开展心理辅导，从根本上说是基于学生成长发展的需要。一个学生必须经过一系列发展阶段才能走向成熟，成为生理基本成熟、智力达到高峰、情绪基本稳定、行为能够自控的能独立承担社会责任的社会成员。这种发展体现在学校的各种活动中，参与体育课和课外体育活动就是其中一项重要的实践活动。在学校体育中，学生要逐步适应体育活动的各种要求，不仅要学会和体育教师打交道，执行教师的指示，向教师表达自己的合理要求；还要学会遵守体育活动中的行为规范，应对同学关系中的各种两难情境，并能逐步认识和接纳自己。从这个意义上说，每个学生都需要心理辅导，活动的全过程都离不开心理辅导。

（二）体育教学中的心理教育与辅导

1. 体育教学中渗透心理教育与辅导的手段

学校体育的优势就在于，在体育教学和多种体育活动过程中，在体现体育的自身目标的过程中，本身就伴随、包含着学生心理品质的培育和成长。因此在体育教学中开展心理教育与辅导，不是要求体育教师脱离体育自身的任务和体育教学的规律单独地进行，而是寻求它们的结合点。体育教学是学校体育最典型的教育形式（仅以体育课堂教学为例），显然，在课堂教学活动设计、教学方法选择、课堂管理及对学生的辅导中，都应该融合、体现心理教育和心理辅导的内容。

（1）体育课堂教学活动的心理学设计

课堂教学活动的心理学设计是通过体育课对学生进行心理教育的中心环节，体育教师既要根据体育具有活动性的学科特点，又要注意结合心理健康教育原理来进行教学设计。具体地说，要强调以学生为本，适合学生的水平，了解学生的体育技能、文化基础、能力、兴趣、态度，同时还要顾及身育、心育、群育、德育等多元目标的整合，做到通盘考虑，整体合一，有主有次。

体育教师要根据学生的身心特点，精选教学内容，采用灵活、适宜的教法和学法，满足学生现实的体育需要，多开设或增加一些选项课或开放式的教学课，突出心理健康教育。只要体育课堂教学活动设计紧紧围绕课堂教学操作，以体育活动和学练的组织形式为载体，以身体练习、心理参与为立足点，面向全体学生，实施发展性的心理教育与辅导，就可以培养学生优良的心理品质，实现心理教育的目标。

（2）创设良好的课堂心理环境

课堂心理环境是一种隐性教育，它对学生具有很大的潜在影响，而良好的课堂管理是创设优良心理环境的保证，体育课的课堂管理与心理环境的良性互动是优化学生体育学习外部因素的重要途径。宽容、有序、和谐、合作的氛围能够使学生处在积极的心理状态中，有助于提高教学感染力和教学效果，有助于学生积极主动地参与课堂教学活动，能够使教学活动生动、愉快地开展，进而达到身心合一的最优教学效果。

创设优良的心理环境、进行良好的课堂管理，包括多方面的内容。首先是建立有序的课堂秩序。如切实讲明课堂教学规则，及时妥善处理违规行为，通过反复练习和反馈使学生学会遵守规则；其次是课堂活动组织的有效管理。如明确地向学生交代学习目标，示范规范优美，讲解扼要清楚，练习组织合理且形式多样，对学生练习的表现及时反馈和启发，善于控制学生的身体负荷量和设置可接受的心理负荷度；再次是合理运用表扬、批评、奖励、惩罚等手段。

（3）体育学习困难学生的辅导

课堂内辅导是体育教学不可缺少的环节。在体育学练中，或是由于身体机能、形态和素质方面有所欠缺而感到力不从心，或是由于情绪困扰而对体育学习表现出退缩、沮丧、不合群、惧怕等不良情感，或是由于教学思想和行为上的一些弊端，一个班级里总会有一部分学生出现学习困难的情况。

解决上述问题的措施有：①教师要根据问题产生的原因采取分类辅导，使学习困难学生对体育学练产生良好的心理体验，达到恢复健康和提高运动能力的目的；②进行弹性辅导，依照每一个学习困难学生的不同情况因材施教或设置相应的层次练习和目标；③进行特定环境的辅导，即在辅导时有意创造一个没有心理压力的、宽容的、轻松的环境，使学生建立良好的认同心理和学习动机，并尽可能使用启发式教学方法，减少学生不良的心理冲突；④实施关爱辅导，对学习困难学生既要关心，又要注意爱护，建立起心灵的沟通，对进步及时加以肯定、鼓励，对问题共同承担和消化，使学生获得自尊、自爱、自强的和谐心理体验。

2. 体育教学中进行心理教育与辅导的时机

（1）新学期开学时

开学第一课，体育教师可对学生讲述体育强身健体和促进心理健康的作用，进行体育参与意识的教育，同时进行师生之间的情感交流并强化课堂组织纪律观念。

（2）组织游戏、比赛时

教师向学生强调"团结互助、互相配合"的重要性，引导学生正确对待同伴的失误，引导技术好的同学热情帮助技术较差的同学，引导学生学会正确对待对手的犯规，同时还要引导学生学会正确对待裁判的错判、漏判等。

（3）教材的难度较大时

难度较大的教材可用来培养学生吃苦耐劳、勇敢拼搏的心理品质。如学生在学习耐久跑、障碍跑、跳马等难度较大的项目时，教师要从心理辅导的角度，热情地给予帮助。当学生完成练习，获得进步或成功时，教师要表示认同、鼓励；如果没有成功，教师要耐心地告诉学生改进的要点，直到帮助学生走向成功。

（4）练习中互相帮助、保护时

在强调具体的保护、帮助要求的同时，要引导学生互相关心、团结友爱以及养成认真的学习态度。教师不仅要认真地给练习者做保护，给保护者做示范，还要耐心地讲解注意事项。这种认真诚恳的教学态度，能对学生起到潜移默化的教育作用。

（5）享受成功、遇到失败时

学生取得好成绩时，应及时指出其存在的不足，遇到失败时，应及时给予鼓励与安慰，避免其在成功或失败中自我意象水平的骤然升高或下降。要使学生树立"胜不骄，败不馁"的思想，并形成良好的自我认知水平。

（6）处理突发事件时

体育课以室外课为主，因此教学过程受外部干扰较大。在教学过程中，如遇意外情况，教师必须冷静、妥善地处理，给学生良好的心理暗示。如室外环境的嘈杂或突然出现飞机、飞鸟等分散学生注意力时，教师要因势利导，对表现好的学生及时表扬，防止不良影响的发生。

（7）天气突然变化时

当遇到刮风、下雨的天气时，教师应沉着冷静，且应根据提前准备的预案行动。如果仍能坚持锻炼，则有利于培养学生克服困难的精神；如果不能在操场上课，则可改成室内课，教师正好可以利用这个心理辅导的好机会，给学生讲解一些优秀运动员的事迹，以及提高自信心、情绪调节、意志培养等方面的内容。

（8）借还体育器材时

教师可利用借还体育器材之机，培养学生爱护公物的好品德。同时，让学生懂得要尊重他人的劳动成果，做事有始有终的道理。

（9）进行体育考核时

体育教师应着眼于考前心理准备，对于考核既不能紧张忙乱，又不能无动于衷，要冷静乐观，对学生给予关心和鼓励。在考核中，教师应要求学生公平竞争，实事求是地展现自己的真实水平。考核后的归因教育极为重要，它会使学生正确对待自我，正确对待成败，正确对待今后面临的困难与挑战。

（三）心理教育和辅导对体育教师素质和能力的要求

随着近些年教育改革的不断深化，对体育教师提出了越来越高的要求。体育教师必须通过提高自身素质，通过学习心理学知识和技能，才能使体育活动中的心理辅导获得成功。

1. 体育教师进行心理教育和辅导必备的素质和修养

（1）做学生的先导和模范

体育教师的心理素质必须胜过学生，才能有效地开展心理辅导。只有教师有能力解决自己的这些问题时，才能更好地了解、倾听和解决学生的苦恼。在进行心理辅导时，教师首先自己必须是解决自我心理问题的模范，是学生的人生先导者。

（2）有自我展示的勇气

体育教师应具备自我展示的勇气，即恰当、适当地向学生展示自己的内心世界，包括自己的感情、观点、体验等，与学生发生"共悟""以心感心"。体育教师需深入地与学生进行心灵的交流，或为了使学生消除心理抵抗、缓解防卫机制，可以通过自我展示来促使学生展示自我，促进心理辅导的顺利进行。

自我展示并不是自我否定或自我批判，而是对自我成长过程的一种分析和解剖。反之，自我封闭、高高在上，永远以自认为正确的面孔出现在学生面前的教师，是不会赢得学生尊敬的，要想与学生建立深入的、相互信赖的人际关系也是不可能的。

（3）确立自我主体性

体育教师开展心理辅导时，必须明确自己的目标、责任和权限。同时，无论遇到什么消极影响或诱惑，都要始终保持清醒的头脑、科学的态度、健康的心态，发挥体育教师的主导性，保持体育教师的自主性。

（4）善于向他人学习，与他人合作

体育教师只能在学科教学和体育活动中小范围地对学生施加影响，这就决定了体育教师必须站在学生成长的高度，从更广泛的范围与学校的班主任、其他科任教师，甚至与家庭或社区进行联系和合作，这样才能形成心理辅导的合力。此外，由于心理辅导工作专业性很强，体育教师也必须向专业的心理工作者学习，与专业心理工作者合作。

2. 体育教师进行心理教育和辅导的手段

体育教师在体育教学中担当着多重角色，他们既是运动知识技能的传授者、德行的培养者、综合能力的训练者，又是学生的心理保健医生，在教学过程中起着心理辅导作用。一位合格的体育教师应具备丰富的教育学、心理学和卫生学等知识，并注意随时观察学生的心理健康状况，及时发现学生存在的心理问题，采取积极的措施进行心理辅导，进而保护和促进学生的心理健康。

（1）积极创造民主和谐的教学环境

民主和谐的教学环境以及和蔼友善的教学态度是预防学生产生各种心理问题的良方。如果体育教师能为学生创建民主和谐的教学环境，让学生在轻松愉快的环境下学习，将有助于激发学生学习体育知识和技能的热情与积极性，进而有助于学生形成良好的心理品质。相反，如果体育教师不尊重学生，用苛刻、讥讽、挖苦的方式对待学生，打骂学生，用罚站等体罚手段惩罚学生，就会导致学生出现紧张、恐惧、担忧的心理，甚至出现逃学或离家出走等不同程度的心理问题和行为。

（2）充分培养学生的自尊心和自信心

培养和发展学生的自尊心、自信心是形成健康人格的关键，也是教育与心理辅导的核心问题。体育教师要尊重和爱护每一个学生，信任每一个学生，千方百计地给每一个学生提供展示的机会，鼓励每一个学生享受完成任务的快乐和喜悦。另外，体育教师还应通过体育活动引导学生积极地与他人交往，培养学生的人际交往能力。

（3）因材施教，在体育活动中完善学生的性格

体育活动可以锻炼学生的意志品质，培养学生耐受挫折的能力，提高学生的心理健康水平。对于意志力薄弱的学生，可要求其每天坚持锻炼，通过游戏、长跑、滑冰、登山、游泳等运动项目磨砺其意志，培养其坚定性和自我调控能力。对于身体有残疾的学生，应主动热情地帮助他们，最大限度地发挥他们的潜能，使他们像正常学生一样快乐地生活和成长。对于有学习困难的学生，教师可布置一些难度低、运动量小的活动，使他们通过努力独立完成任务，充分体验成功的快乐。

（4）培养学生的终身体育锻炼意识

现代体育观认为，体育锻炼应伴随人的一生。对于学生而言，体育锻炼也应该是日常生活的一个重要部分，而不仅仅是体育课的一项任务。体育教师要督促和指导学生养成每日坚持锻炼的良好习惯，给学生制定目标，规定每周的运动量。体育教师还应指导学生因地制宜地开展跳绳、踢足球、游泳、做广播体操等各种有趣的体育活动，这样既能增强学生体质，又能使学生心情舒畅，提高学习效率。

（5）用良好的心理素质感染学生

体育教师与学生之间的直接交往较多，教师的言谈举止会对学生产生重要影响，因此体育教师要注意自身的心理健康，以健康的人格、积极的情绪、乐观的态度感染学生。尊重学生的人格，对学生一视同仁。相反，如果体育教师具有自卑、懒散、极度内向等不良人格，或对学生冷漠无情，随意惩罚打骂学生，久而久之，就会使学生产生焦虑、恐惧、逃学、离家出走等问题，严重影响学生的身心健康。

（6）运用心理训练法培养学生健康的心理素质

心理训练是指采取具体的心理学操作方法，使学生适应运动技能的学习，保持适宜的心理状态，促进学生身心健康的训练方法。心理训练有助于发展学生的心理品质，调节心理活动的强度；有助于学生掌握和改进运动技能，消除疲劳，恢复体力。体育教师应当熟练掌握和运用心理训练的方法，根据具体教材和不同性别、年龄、性格学生的特点，提高学生的心理健康水平。

参考文献

[1] 石振国. 运动与健康 [M]. 济南：山东大学出版社，2022.04.

[2] 李景丽. 创新教育背景下的体育教学发展探索 [M]. 南京：南京出版社，2022.04.

[3] 赵西堂. 美国校际体育竞赛管理体制与运行机制研究 [M]. 南京：南京东南大学出版社，2022.03.

[4] 杜建军，李艳琴. 我国青少年学生体质健康教育创新研究 [M]. 重庆：西南师范大学出版社，2021.12.

[5] 徐云鹏. 体育与健康 [M]. 重庆：重庆大学出版社，2021.09.

[6] 杨艳生. 体育教学改革与创新实践研究 [M]. 长春：吉林人民出版社，2021.09.

[7] 陈善平. 传统武术和健康 [M]. 西安：西安交通大学出版社，2021.09.

[8] 汤景瑞，丁素兰. 体育与健康 [M]. 苏州：苏州大学出版社，2021.08.

[9] 杜雷，姜燕. 健康评价与运动处方 [M]. 哈尔滨：黑龙江科学技术出版社，2021.08.

[10] 黄彦军. 体育教育学科核心素养提升读本 [M]. 广州：广东高等教育出版社，2021.07.

[11] 倪伟. 体育健康与实践 [M]. 上海：上海大学出版社，2021.07.

[12] 王哲. 全民健身背景下青少年体质健康与促进研究 [M]. 长春：吉林人民出版社，2021.06.

[13] 胡红梅. 运动营养与健康 [M]. 广州：华南理工大学出版社，2021.05.

[14] 王海燕. 现代体育教学功能实现与创新应用 [M]. 北京：中国书籍出版社，2021.04.

[15] 卢庆朝，夏平方. 体育健康与警体训练教程 [M]. 武汉：湖北科学技术出版社，2020.12.

[16] 史艳艳. 体育瑜伽美学与健康教育 [M]. 北京：中国书籍出版社，2020.12.

[17] 毛丰. 全民健身背景下的体育基础知识与健康教育 [M]. 北京：中国纺织出版社，2020.11.

[18] 李艳军. 体育与健康教学策略与学业质量评价 [M]. 长春：吉林科学技术出版社，

2020. 09.

［19］王军红. 体育健康产业创新发展研究［M］. 长春：吉林人民出版社，2020. 09.

［20］董翠香，田来，杨清风. 核心素养导向的体育与健康教学设计［M］. 上海：上海教育出版社，2020. 09.

［21］张新萍，屈萍. 终身体育［M］. 广州：中山大学出版社，2020. 08.

［22］杨文. 体育与健康［M］. 成都：电子科技大学出版社，2020. 08.

［23］于芳. 休闲体育［M］. 天津：天津科学技术出版社，2020. 07.

［24］杨帆，许耀锋. 体育与健康［M］. 西安：西北大学出版社，2020. 06.

［25］陈善金. 体育与健康［M］. 成都：电子科技大学出版社，2020. 06.

［26］李健兵. 体育与健康教程［M］. 西安：西北大学出版社，2020. 05.

［27］肖艳丽，薛敏. 我国体育课程价值取向研究［M］. 西安：陕西科学技术出版社，2020. 05.

［28］沈泉平. 健康中国背景下学校体育的使命与实践研究［M］. 北京：北京工业大学出版社，2020. 04.

［29］赵禹，王红杰，陈志华. 体育运动学［M］. 北京：航空工业出版社，2020. 03.

［30］魏华，任政. 体育与健康含微课［M］. 北京：航空工业出版社，2020. 01.

［31］邱丹. 体育锻炼与慢性病防控［M］. 长春：吉林大学出版社，2020. 01.